Money 錢

Money錢

Money 錢

Money錢

冠軍操盤手的高勝率秘技

楊雲翔　著

Money錢

Contents
目錄

推薦序 短線交易者的最佳投資商品 **李政霖** 006

推薦序 進軍股票期貨不可或缺的工具書 **黃傳盛** 008

自序 以買股經驗快速學會股票期貨交易 010

第1章

認識股票期貨 強化操作信心

1-1 一切從避險開始說起 016

1-2 邁向規格化 交易更完善 024

1-3 Step by Step輕鬆學會損益計算 040

第2章

股期新手10分鐘入門

2-1 從交易制度一窺股期市場 058

2-2 股票 vs 股票期貨 066

2-3 股期交易的6大優勢 072

📊 第3章

股票期貨3交易策略

3-1 策略❶：短沖與波段的投機交易 100

3-2 策略❷：無風險及低風險套利交易 124

3-3 策略❸：跨商品價差交易 136

📊 第4章

股期當沖高勝率秘技

4-1 用量價和型態找出強弱勢股 142

4-2 短多當沖5型態實戰案例 148

4-3 短空當沖5型態實戰案例 164

Contents
目錄

第5章

上班族的隔日沖高勝率秘技

5-1 短多隔日沖6實戰案例 182

5-2 短空隔日沖4實戰案例 206

第6章

智能下單全攻略

6-1 認識股期交易3步驟 220

6-2 用閃電下單搶占先機 228

6-3 行動交易利器App下單軟體 238

6-4 AI幫你盯盤 自動停損停利 244

第7章

用小資金滾出大獲利

7-1 高勝率＋高週轉率 大幅提升收益率 252

7-2 短沖策略奏效 日收益均逾20% 264

7-3 操作策略和心態才是致勝關鍵 275

短線交易者的最佳投資商品

李政霖 嘉實資訊總經理

我跟雲翔兄都同屬於元大證券退除役官兵，在追求財務自由的路上，雲翔兄憑著對市場的敏銳嗅覺，搭配自身的程式開發能力，發展出如手術刀般精準的短線交易技巧，我則是在大機構的庇蔭下，從研究員做起，在自營部與投信的操盤生涯中，享受了資訊不對稱帶來的好處。

20 年後，雲翔兄在群益期貨人機大戰中，連拿 2 屆冠軍，而我則在失去資訊優勢後，開始學習從盤面上的蛛絲馬跡，尋找市場波動的規律。

在重新學習的歷程中，雲翔兄無私地分享，帶給我很多啟發，做為他新書付梓前的讀者，有幸一窺他累積多年的看盤經驗及思想體系，包括量比這類概念。

嘉實資訊有一個很棒的股東，他在美國資本市場有 30 年的相關經驗，也曾經擁有 1 家軟體公司，他觀察到，科技發展已經深深改變市場，他說，以往像巴菲特那樣買進並持有的投資風格是市場典範，但這些年來，大量的避險基金，如文藝復興基金（全球最大對沖基金之一）的西蒙斯（James Simons），他們在市場上尋找高機率不斷重複發生的現象，像「切香腸般」地短進短出，除了創造大量的流動性，在積少成多之下展現驚人的績效。

　　雲翔兄的交易風格，非常貼近這些年的主流趨勢，更難得的是他不吝分享，在這本新書中，詳盡地說明如何把股票市場中積累的看盤經驗，應用在股票期貨上。

　　股票期貨這個一般人較不熟的市場，不但有低交易成本的優勢，更適合當沖及短線交易者。雲翔兄在書中完整介紹這個金融商品的遊戲規則，以及股票投資者如何打造符合這個規則的交易體系。

　　像我們這樣靠著資本市場維生的人，如何讓台灣的市場更蓬勃發展，是我們休戚與共的天命，感謝雲翔兄，願意為流動性還有很大提升空間的股票期貨，撰寫這麼一本好書，做為先睹為快的讀者，非常樂意跟大家推荐這本書。

進軍股票期貨
不可或缺的工具書

黃傳盛 群益期貨業務副理

你要當一個推論錯誤的賭徒？還是嚴守紀律的贏家？很多投資人在進場幾次後，常會自行想像出一套看似合理的交易策略，就像賭客一樣，自認能從幾次輪盤的結果中，看出其中規律、找出致富之道，萬萬沒想到，自以為靠譜的必勝組合，經不起現實的殘酷考驗，最後總是失敗又失望地退出市場。

市場真正的贏家，是將每次的實戰經驗，當作一場又一場的競賽，仔細推敲出獲勝的最大可能性，慎選機會出手，始終如一。作者楊雲翔，正是金融市場交易中的佼佼者。

回想 2016 年第 1 場交易大賽，在得知比賽規則後，我先想到的是剛從中國回來的楊董。印象深刻的是，當年拜訪楊

董，一推開他辦公室的大門，印入眼簾的是 6 個看盤螢幕，從股票到國內外期貨，交易設備完全不輸大公司的自營部。

連 2 屆的交易大賽中，每次與楊董的對話都是圍繞在交易話題上，足以看出楊董對於交易策略的專注，以及面對實戰的靈活應用，不但在開發策略上有日本職人的精神，甚至有一輩子只做好操盤、讓執行策略達到極致的氣魄。

我在金融市場交易超過十幾年，服務過上千名客戶，股票期貨是近幾年最夯的交易工具之一，市場上鮮少有一本能完整介紹又提供長、短線策略的工具書，建議你在交易前先閱讀，不但能讓你學會股票期貨，更能讓你少走許多冤枉路。

為什麼這麼說？試想一下，當你買家電產品時，會先看說明書嗎？沒有吧！一定是插上電源就開始使用，等到發現功能搞不定，才會急著翻閱說明書，這時才發現原來上頭講得這麼清楚。

交易也是這樣，投資人大多是賠錢後，才會開始想辦法學習，但我建議先搞清楚規則再進場！這本書從股票期貨新手入門、短沖與波段交易策略的基礎認識到進階戰略，甚至是下單軟體的應用都交代得相當清楚，是投資人進軍個股期貨的必備教科書。

自序

以買股經驗
快速學會股票期貨交易

我踏進股市已超過 32 年，在 2000 年之前，我的交易重心都在股票，直到 10 年前才開始進入期貨市場，進行全球指數的交易，主要是透過多市場、多商品及多空靈活的操作來控制風險。這樣的策略讓我即使在空頭市場時，一樣能獲得不錯的收益。但指數商品較大的缺點是，有可能一整年都在盤整、沒什麼波動，操作的難度就相對較高。

沒想到，2016 年的一場投資操作比賽，改變了我在交易上的商品組合，現在的我，除了原有的股票當沖、隔日沖短線，以及股票、台指的波段交易外，還增加了股票期貨，也因此讓我在股市的交易收益曲線更為穩定。

2016 年 10 月，我參加群益期貨人機對決全球交易大賽，

用了 5 個帳戶，在近萬個對手中，拿下了冠軍、亞軍及第 6 和第 7 名，並透過比賽發展了股票期貨交易的新策略。

這是一場有趣的比賽，如同美國 NBA 籃球賽一般，分例行賽和季後賽，在例行賽中，機器人組及人類交易組，每天於組內 1 對 1 對打，當天須有獲利且獲利率勝對手，才可以取得 1 次勝場，在近萬人、約 34 場例行賽中，取各組前 20 名進入季後賽，季後賽為 2 組相互對決，每人每天要對上 20 個對手，歷時 8 天共有 160 場比賽，取勝場數最高者為冠軍。

原先，我團隊的 5 個帳戶都是掛不同的台指期策略，比賽也如預期進行，直到第 10 天左右，有 1 個戶頭進行 2 口大台（保證金約 17 萬元），獲利約 3 萬 2 千元，收益率近 19%，本以為又 1 勝入袋，但隔天早上公布成績時，卻是拿到敗場。我覺得非常訝異，因為當天指數波動不到 100 點，我賺了 180 點已經是很高的收益率，實在很難相信對手能創造更高的收益，於是我做了一件自己想來都覺得好笑的事，就是請營業員確認比賽系統是不是出了什麼問題。

後來得知，該對手是以股票期貨進行交易，拿到了近 70% 的收益率，當時有很多股票期貨商品都相當活躍，包括玉晶光、大同、新光金等，仔細探究後，我發現台指期貨雖然槓

桿高達 20 倍，但 1 天能有 100 點波動已算是有大行情，100
點波動對指數來說只有 1% 的幅度，乘上 20 倍槓桿也只能達
20% 左右的收益率，而股票期貨雖然槓桿只有 7.5 倍，但股
票的波動性本來就比較高，加上當日如果有消息面或主力運
作，震幅通常可超過 5% 以上，甚至達 10% 的漲跌停，10%
乘上 7.5 倍槓桿，可能的收益率就高達 75%。

　　另外，我也發現，股票期貨的交易成本相當低廉，加上股
票每個跳動都能賺錢，對手就是因為操作波動性高及成本低
廉的股票期貨，才打敗我近 19% 收益率的戶頭，隔天我立刻
調整比賽的交易策略，大量運用股票期貨進行交易，再透過
我自己在股票當沖及隔日沖的策略加入戰局，最後，5 個戶
頭在例行賽都取得總決賽資格，並在總決賽中拿到冠軍。

　　到了 2018 年底，群益期貨舉辦了第 2 屆人機對決的實戰交
易比賽，有了第 1 屆的經驗，加上近 2 年在股票期貨操作的
心得，在這屆比賽中，我就全力運用股票期貨及高勝率短沖
策略，再次贏得國內組的冠軍，這次的勝率高達 86% 以上，
2 個月比賽下來總收益率近 200%，我想，致勝主因來自於股
票期貨低成本、高槓桿、多空雙向操作靈活、交易時間較長
等優勢，當然還要配合高勝率的交易策略。

也許有人會感到疑惑，在第 1 屆比賽中，才經過 1 天，就能把股票交易策略轉移到股票期貨？我可以很肯定地回答：「是」，就是這麼簡單，只要你有期貨的基本概念，不用 1 天就可以做到，但若沒有經驗者就必須先習得基本常識，才能進入股票期貨交易，不過這也只要花幾天就能完成。

　　我寫這本書的最大用意，就是要讓讀者由原本只會股票交易，快速切入到股票期貨，接下來，我會從期貨的基本常識與其優勢、基本操作，甚至是如何創造高勝率、避險套利，全部不藏私教你。

2020 年 11 月

第1章

認識股票期貨
強化操作信心

1-1 一切從避險開始説起

1-2 邁向規格化 交易更完善

1-3 Step by Step 輕鬆學會損益計算

1-1

一切從避險
開始說起

台灣期貨交易所成立於1997年，並於1998年7月推出加權指數期貨，主要提供避險機制讓投資機構或持有較多現貨的投資人有空頭避險管道，而在前一年的1997年1月9日，新加坡國際金融交易所（SIMEX）正式掛牌交易摩根台股指數期貨（摩台指），以台灣證券交易所上市交易的91支股票為樣本，進行資本加權成為指數，其中包括大、中、小型企業股票，占整體台灣

股票市場的70%，而摩台指是以美金計價，是外資避險的一個有利管道，由此可見期貨市場不單只是投機者的交易市場，對於穩定市場及降低投資風險有一定貢獻。

$ 市場中有9成是投機型投資人

值得一提的是，全台2,300多萬人，若以歸戶後的實際開戶人數破千萬人計算，相當於平均每2人就有1人開立證券戶，而真正有在交易的戶數約有300萬戶，顯見買賣股票已是全民運動。

相較於期貨市場，開戶數不到200萬戶，有在交易的戶數約只有10幾萬戶，可見期貨市場還未被投資人接受。我想主要原因是，它給人高槓桿、高風險的印象，是買空賣空的賭博性工具，不像買股票至少是買到一家實體公司，比較有安全感。

但在交易市場中，有多少人是為了當股東而長期持有該公司股票，參與公司股東會？我想有9成以上都是投

機型投資人，為的是能短線或波段賺取價差利潤，所以本質上，股票與期貨的交易動機並無不同，投資人只因不了解、擔心其風險而不敢投入，所以接下來我會先帶領讀者認識期貨及其優勢，再引領投資人透過資金、成本、交易靈活等優勢，來獲取穩定的交易報酬。

$ 期貨源於遠期契約 用於避險

　　股票期貨的起源有幾種說法，有人說它發源於日本江戶幕府時代，也有人說是歐洲古希臘、古羅馬時期，甚至是在中國北宋時期就有期貨概念，這些說法的共通點都和農產品脫不了關係，主要是因為在農產品交易市場，買賣雙方為避免未來的價格波動太大，因此產生以「未來合約」交易「未來收成」的契約模式。

　　簡單來說，假設甲方需要買進某商品，他一定不希望未來因物價上漲而增加買進成本，相對地，生產商品的乙方，也不希望未來因市場需求變小導致商品價格下

跌，這時甲乙雙方可以簽訂一個遠期契約，約定將來交易的日期、價格、數量等條件，保障雙方並避免未來的不確定性，買者安心、賣者也放心。

以常接觸的農產品黃豆來說明，讀者應更能了解。黃豆即是俗稱的大豆，是我國的重要糧食作物，常用來製作各種豆製品、榨取沙拉油、釀造醬油等，具有很高的經濟價值，通常每年的春天種植，約秋天才收成。

甲公司是一家沙拉油公司，需要大量的黃豆來製造沙拉油，由於市場上的沙拉油有一定的售價，若是太昂貴，消費者將無法接受，所以甲公司須以合理的價格購入黃豆，才能賺取利潤。

為確保原料供應無虞，甲公司須預先買進幾個月後收成的黃豆。假如甲公司平時買黃豆的價格1公斤是20元，某天因為產量過剩1公斤只需15元，這時你是甲公司採購，你會想什麼？多數人應該都會想，趁便宜多買一些儲存起來，但是受到儲存地點、保存期限等限制，

能買的其實有限，此時如果能以15元的價格先簽訂合約，再約定時間交割，甲公司不但不用為存放空間不足而困擾，也因為收購價低於成本，毛利可能大幅增加。

如果市場因黃豆持續缺貨，使得價格看漲，甲公司也可能以1公斤高於20元的價格買入（簽訂合約），雖然成本提高，但未來萬一黃豆價格又爆漲，至少能減少一些成本損失，這就是買方進場買入遠期契約的目的。

相對地，黃豆的供應者農夫乙是遠期契約的賣方，假設種植成本每公斤約10元，當市場價格好，每公斤20元時，農夫乙可以獲得不錯的利潤，所以他趁黃豆行情還不錯時，先在期貨市場賣出幾個月後收成的黃豆，來保有一定的收益。但當市場供過於求、價格暴跌，可能跌破成本時，農夫乙寧可不賺錢，預先出售未來收成，也不願意賭收成時市場跌破每公斤10元，造成血本無歸。

我再用下列4張圖表解釋，讀者應可以更理解遠期契約的概念。

表1-1-1	現貨市價交易狀況1	
日期	6月15日	9月15日
黃豆市價	15元	20元
買方（甲） 沙拉油公司	甲方在9月需要10萬公斤黃豆，但未在6月用市價15元，共計150萬元，買入9月遠期契約。	甲方在9月15日，以市價每公斤20元，買入所需的10萬公斤黃豆原料，共計200萬元。因未在6月以當時市價買入9月遠期契約，因而損失50萬元。
賣方（乙） 黃豆農夫	乙方在9月將收成10萬公斤黃豆，但未在6月用市價15元，共計150萬元，賣出9月遠期契約。	乙方在9月15日，以市價每公斤20元賣出收成的10萬公斤黃豆，因未在6月以當時市價賣出9月遠期契約，因而獲利50萬元。

虧損

獲利

表1-1-2	現貨市價交易狀況2	
日期	6月15日	9月15日
黃豆市價	15元	8元
買方（甲） 沙拉油公司	甲方在9月需要10萬公斤黃豆，但未在6月用市價15元，共計150萬元，買入9月遠期契約。	甲方在9月15日，以市價每公斤8元，買入所需的10萬公斤黃豆原料，共計80萬元。因未在6月以當時市價買入9月遠期契約，因而獲利70萬元。
賣方（乙） 黃豆農夫	乙方在9月將收成10萬公斤黃豆，但未在6月用市價15元，共計150萬元，賣出9月遠期契約。	乙方在9月15日，以市價每公斤8元賣出收成的10萬公斤黃豆，因未在6月以當時市價賣出9月遠期契約，因而損失70萬元。

獲利

血本無歸

表1-1-3　**簽訂遠期契約避險 交易狀況1**		
日期	6月15日	9月15日
黃豆市價	15元	20元
買方（甲） 沙拉油公司	甲方在9月需要10萬公斤黃豆，不想承擔3個月後黃豆可能漲價的風險，在符合公司成本的範圍內，以市價15元，共計150萬元，買入9月遠期契約。	甲方因有效避險，在6月用市價15元，共計150萬元，買入9月遠期契約，因此省下50萬元的費用。
賣方（乙） 黃豆農夫	乙方在9月將收成10萬公斤黃豆，不想承擔3個月後黃豆可能有跌價的風險，在有利潤條件下，以市價15元，共計150萬元，賣出9月遠期契約。	乙方在6月用市價15元，共計150萬元，賣出9月遠期契約，雖少賺50萬元，但是避免承擔黃豆大跌的可能損失。

表1-1-4　**簽訂遠期契約避險 交易狀況2**		
日期	6月15日	9月15日
黃豆市價	15元	8元
買方（甲） 沙拉油公司	甲方在9月需要10萬公斤黃豆，不想承擔3個月後黃豆可能漲價的風險，在符合公司成本的範圍內，以市價15元，共計150萬元，買入9月遠期契約。	甲方因避險，在6月用市價15元，共計150萬元，買入9月遠期契約，雖然9月黃豆價格暴跌，沒有賺到70萬元的收益，但因購入價在公司合理成本範圍內，公司毛利影響不大。
賣方（乙） 黃豆農夫	乙方在9月將收成10萬公斤黃豆，不想承擔3個月後黃豆可能跌價的風險，在有利潤條件下，以市價15元，共計150萬元，賣出9月遠期契約。	乙方因有效避險，在6月用市價15元，共計150萬元，賣出9月遠期契約，所以規避黃豆大跌可能造成的重大損失。

筆記本

1-2

邁向規格化 交易更完善

上一節談到的遠期契約，是早期一種避險需求契約，但遠期契約有很多不便和缺點，除了價格問題，商品數量、交割時間、交割地點等須全部達成共識才能簽約。

另外，買賣雙方容易因為期間價格變動或產量的變化造成違約，為了防止這些缺失，市場開始演化出期貨合約及期貨交易市場。

表1-2-1	遠期契約 vs 期貨合約	
項目	遠期契約	期貨合約
商品規格	無標準化商品規格	標準化商品規格
交割數量	自行約定數量	單位化交易數量，1口合約為單位
交割時間	自行約定時間	固定日期，比如每月最後一天為交割日
交割地點	自行約定地點	交易所
保證金	無規定	買賣雙方都要繳交保證金
結算保證	買賣雙方都有違約風險，自行承擔	交易所保證結算，風險由交易所承擔
價格	自行議價，價格不透明	交易所集中市場交易，價格透明化

💲 合約規格化 交易更透明

由期貨合約和遠期契約對照表可以看出，透過交易所將合約規格化，讓買賣雙方的交易更透明，除了避免違約風險，也讓市場更活絡，下面就來說明期貨合約的相關內容。

❶ 合約數量

期貨最小交易單位為1口，1口為1張合約，以下頁表1-2-2的黃豆來說，1口合約數量是5,000英斗（1英斗約27公斤），當沙拉油公司需要50,000英斗的大豆原

表1-2-2	**商品種類及合約數量**		
美國芝加哥期貨交易所（CBOT）			
商品種類／代號	合約數量／間距	最小跳動點	
＃玉米（C）	5,000英斗	0.25美分／英斗＝12.5美元	
＃黃豆（S）	5,000英斗	0.25美分／英斗＝12.5美元	
＃小麥（W）	5,000英斗	0.25美分／英斗＝12.5美元	
＃粗米（RR）	2,000英擔	0.5美分／英斗＝10美元	

資料來源：群益期貨

料，就可以在交易市場買入10口合約，相對地，如果農夫要賣出100,000英斗的黃豆就可以賣出20口合約，這時最多可能會有20個買家買入農夫的黃豆，透過1口1張合約，可以讓買賣更容易成交，也讓市場更活絡。

　另外，當買方或賣方的數量條件變更時，也可以靈活地調整，比如原本公司需求是50,000英斗，因沙拉油供貨需求調降，只需40,000英斗，這時可以在期貨市場先平倉2口，只留倉8口合約，相對地，農夫也可以因產量變化而即時增加或減少手中合約數，此外，不同的商品合約數量及單位也可能不同，例如表1-2-2中的粗米1口

合約是2,000英擔（1英擔約45.3 公斤）。

❷ 最小跳動點及合約總值

最小跳動點是指最小的跳動價格，期貨合約依不同商品可能會有不同的最小跳動點，如表1-2-2的黃豆最小跳動點為每1跳0.25點或12.5美元，所以每跳1大點就等於50美元。如果現在的黃豆指數是800點，則1口合約的總值就是40,000美元，也就是當你在市場用800點的價位買入1口黃豆合約，就是買進5,000英斗，價值40,000美元的黃豆。

❸ 保證金

有別於股票T＋2的交易制度（買入股票後，在第2個交易日上午10點前把股款匯入帳戶即可），期貨為保證金（Margin）交易，買賣雙方進行交易前，必須先在保證金專戶中存入合約價值5%～10%的保證金才能交易，除了降低買賣雙方違約風險之外，資金門檻較低，也能提高交易活絡度，而平倉時錢會立即回到保證金專戶。

表1-2-3	期貨的原始保證金與維持保證金			
美國芝加哥期貨交易所（CBOT）				
代號	商品種類	幣別	原始保證金	維持保證金
US	30年美國政府債券	USD	6,050	5,500
TY	10年美國債券	USD	1,980	18,00
FV	5年美國債券	USD	935	850
TU	2年美國債券	USD	523	475
UB	超長美國債券	USD	12,650	11,500
TN	長期美國10年債券	USD	3,520	3,200
FF	30天利率	USD	495	450
C	玉米	USD	990	900
S	黃豆	USD	1,650	1,500
BO	黃豆油	USD	853	775
SM	黃豆粉	USD	1,210	1,100
W	小麥	USD	1,568	1,425
O	燕麥	USD	715	650
RR	粗米	USD	1,694	1,540

資料來源：群益期貨

　　保證金又分為原始保證金（Initial Margin）及維持保證金（Maintenance Margin），在交易期貨商品前，保證金專戶中須有足額的原始保證金才能買賣交易，每種期貨商品的原始保證金會隨市場波動劇烈程度等因素不定期調整。

維持保證金則是指交易人持有期貨部位時，帳戶中須維持的最低金額，若保證金專戶存款餘額低於維持保證金額度時，期貨商即會發出追繳保證金（Margin Call）通知，要求交易人補繳差額至原始保證金的額度。

❹ 交割時間

規範期貨合約交割時間的好處是，各商品有固定的交割月份，當買方預期的進貨時間需要變更時，可以直接選擇要交割的月份買進，不用受限於農夫的收成期，比如原本都買8月的黃豆，在8月底交割，因進貨需求變動也可以改買9月的黃豆，買方在進貨運作變得更靈活，相對地，賣方也可彈性地調整要賣出的月份。

在期貨市場進行交易時，因商品交割時間不同而有近月和遠月合約之分，兩者如何區別呢？我們可用最近的交割日來看，快到交割日期但還未到的就是近月合約；相反地，離交割日期較遠的就是遠月合約。通常近月合約成交量最大，交易熱絡，而遠月則交易較為清淡。

表1-2-4	**各商品交易月份**		
美國芝加哥期貨交易所（CBOT）			
商品種類 / 代號	合約數量 / 間距	最小跳動直	交易月份
#玉米（C）	5,000英斗	0.25美分 / 英斗 =12.5美元	3、7、9、12
#黃豆（S）	5,000英斗	0.25美分 / 英斗 =12.5美元	1、3、5、7、 8、9、11
#小麥（W）	5,000英斗	0.25美分 / 英斗 =12.5美元	3、5、7、9、12
#粗米（RR）	2,000英擔	0.5美分 / 英斗 =10美元	1、3、5、7、 9、11

資料來源：群益期貨

$ 期貨的價格隨現貨波動

　　台灣因為市場較小，並無商品期貨，而一般人對於商品買賣都停留在現貨的概念，就像圖1-2-5「現貨市場交易模式」，假設你開了大型連鎖咖啡店或罐裝咖啡工廠，對咖啡豆有長期收購的需求，在現貨市場上，為因應未來可能的需求，並避免咖啡豆價格波動太大或缺貨、斷貨，你可能需要有足夠的倉儲空間及設備，才能有充足的備貨。

圖1-2-5 現貨市場交易模式

咖啡連鎖店
咖啡飲料工廠
咖啡豆賣場

買方

銷售供應

現金收購

咖啡豆

賣方

農夫1號
農夫2號
農夫3號

　　現貨和期貨市場最大的差異在於，前者是咖啡豆實物的買賣，後者是咖啡豆期貨合約的買賣，因此我們稱期貨合約是現貨的「衍生性商品」，期貨合約價格會隨著現貨價格而波動。

　　有波動就會有價差，自然會吸引投機客進場買賣期貨合約，期望賺到價差利潤，因此以咖啡豆期貨市場來看，交易者不只是對咖啡豆有需求的買方，能供應咖啡豆的農夫，還有更多的投機客參與其中，也因投機客的加入，讓期貨交易市場更熱絡，買賣週轉更容易，也更貼近市場的價格需求。

　　從圖1-2-6「期貨市場交易模式」我們可以看到一個重點，就是期交所讓期貨合約交易價格更透明，而保證金及每日結算制度，則大幅降低資金門檻及減少違約風險，這也是期貨商品可以在全球蓬勃發展的重要因素。

💲 期貨商品主要類型

　　前面談到，早期的期貨商品都是和農產品有關，隨著工業化之後，開始有能源、金屬等商品，直到1972年，美國芝加哥期貨交易所推出第1份金融商品——外匯期貨，金融期貨才開始大量衍生，包括指數期貨及股票期

圖1-2-6　期貨市場交易模式

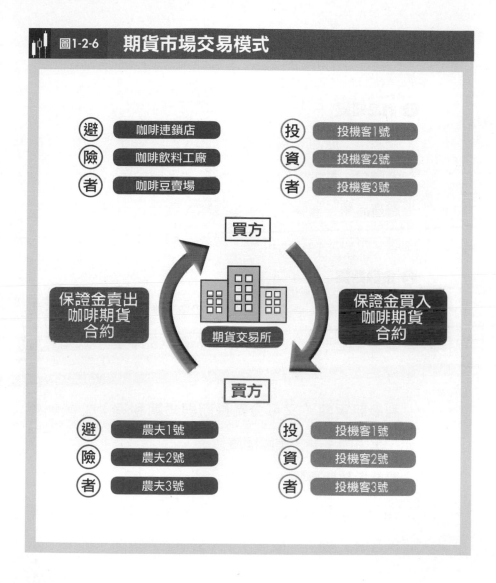

貨都是熱門商品，下列是目前全球期貨市場上常見的商品種類。

❶ 商品期貨

　　能源類：原油、熱燃油、汽油、天然氣等。

　　金屬類：黃金、白銀、銅、白金、鈀金等。

　　農產品類：橡膠、活牛、瘦豬、黃豆、小麥、玉米、咖啡、可可、棉花、紅豆、燕麥、糖等。

❷ 金融期貨

　　外匯期貨類：澳幣、英鎊、加幣、歐元、日元、墨西哥披索、紐西蘭幣、瑞士法郎、歐元兌英鎊、歐元兌日幣等。

　　利率期貨類（又可分為長期與短期利率）：歐洲美元、美國國庫券、美國國庫債等。

　　股票指數期貨類：

　　國內：台股指數、電子期貨、金融期貨、非金電期貨、台灣50期貨、櫃買期貨、富櫃200期貨。

海外：美國道瓊指數、美國標普500指數、美國那斯達克指數、美國羅素2000指數、美元指數、美元日經、富時A50、日經指數、東證指數、香港國企指數、香港恆生指數、德國指數、藍籌指數、印尼指數、印度指數、新加坡指數、倫敦時指等。

前面談到的商品期貨大都是實物交割制度，像黃豆、咖啡豆等，在交割日是有貨物可以交出，現在談到的金融期貨商品，如外匯、利率、指數及股票等衍生性期貨商品，則不會有實物的交割，到結算日時只會用現金結算，也就是說結算時你賺錢，交易所退你現金；虧損時，扣除你戶頭中的保證金。

以台灣證券交易所發行量加權股價指數期貨（簡稱台股期貨）為例，它是以加權指數為標的的衍生性金融商品，投資人可以針對加權指數進行看多或看空。從其合約規格也可以看出，它和商品期貨一樣有交割月份、最小跳動單位、保證金等，最大不同只是採現金交割。

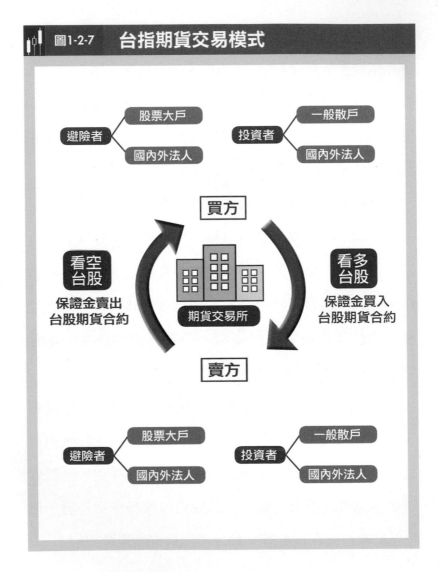

図1-2-7　台指期貨交易模式

表1-2-8	台指期貨合約規格
中文簡稱	台股期貨
英文代碼	TX
交易時間	●本契約交易日同台灣證券交易所交易日 ●一般交易時段之交易時間為營業日8:45～下午13:45；到期月份契約最後交易日之交易時間為上午8:45～13:30 ●盤後交易時段之交易時間為營業日15:00～次日5:00；到期月份契約最後交易日無盤後交易時段
契約價值	台股期貨指數乘上台幣200元
契約到期交割月份	●自交易當月起連續3個月份，另加上3月、6月、9月、12月中3個接續的季月契約在市場交易 ●新交割月份契約於到期月份契約最後交易日之次一營業日一般交易時段起開始交易
每日結算價	每日結算價原則上採當日一般交易時段收盤前1分鐘內所有交易之成交量加權平均價，若無成交價時，則依本公司「台灣證券交易所股價指數期貨契約交易規則」訂定之
漲跌幅限制	各交易時段最大漲跌幅限制為前一一般交易時段每日結算價上下10%
最小升降單位	指數1點（相當於台幣200元）
最後交易日	各契約的最後交易日為各該契約交割月份第3個週三
最後結算日	最後結算日同最後交易日
最後結算價	以最後結算日台灣證券交易所當日交易時間收盤前30分鐘內所提供標的指數之簡單算術平均價訂之。其計算方式，由本公司另訂之
交割方式	以現金交割，交易人於最後結算日依最後結算價之差額，以淨額進行現金之交付或收受
部位限制	●交易人於任何時間持有本契約同一方之未沖銷部位總和，不得逾本公司公告之限制標準 ●法人機構基於避險需求得向本公司申請放寬部位限制 ●綜合帳戶，除免主動揭露個別交易人者適用法人部位限制外，持有部位不受本公司公告之部位限制
保證金	●期貨商向交易人收取之交易保證金及保證金追繳標準，不得低於本公司公告之原始保證金及維持保證金水準 ●本公司公告之原始保證金及維持保證金，以本公司結算保證金收取方式及標準計算之結算保證金為基準，按本公司訂定之成數計算之

資料來源：台灣期貨交易所

　　了解指數期貨的運作方式後，接下來面對股票期貨就沒什麼問題了，我們可以說，台指期貨的標的物是加權指數，是所有權值股加總所生成的一個指數，因此投資者是看加權指數的方向性買進或賣出。

　　對法人避險者來說，手上如有不少現股，當看空未來加權指數時，可以賣出台指期貨來規避風險，一旦加權指數大跌，就可從台指期貨做空的收益彌補現貨股票的損失，但因為手上的持股不會是加權指數所有成份，所以成效可能較差，甚至出現反向走勢而避險失敗，因此若能針對持股在股票期貨上來避險，就能達到較完善的效果。

圖1-2-9　用股票期貨避險效果較佳

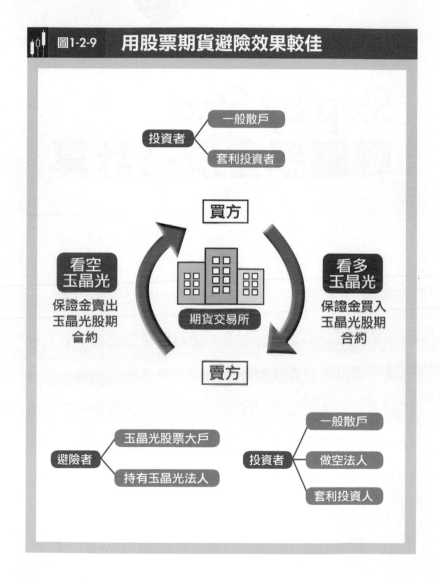

1-3

Step by Step
輕鬆學會損益計算

　　解期貨的基本概念後，讀者應該可以感受到，期
了　貨交易其實沒有那麼複雜，只是股票交易久了，
不習慣保證金及結算制度而已。另外，因為期貨市場中
獲利者所賺的全額，等於所有虧損者所損失的金額（總
獲利金額＋總虧損金額＝０），所以期貨市場被視為一
種零和遊戲。

　　前一節曾提及，期貨買賣最小的交易單位為「口」，

也就是買賣至少要1口，此外，須注意的是，沒有交易過期貨的投資人常會把買進視為持有，把賣出視為出脫，但在期貨市場，買進或賣出期貨合約，都是代表持有，稱為「新倉」，當要出脫買進或賣出合約部位，則稱為「平倉」。

大家都知道股票投資的損益怎麼計算，那期貨呢？

💲 商品期貨損益計算方式

在商品期貨交易中，有商品交割需求或為了避險的供應者，可能只占總交易的幾個百分點，有高達9成以上都是投機者，只想賺取價差，因此在商品交割前，不管賺或賠，都會把手上期貨合約平倉。

我們用黃豆期貨為例來說明：小明看好黃豆近期可能會上漲，所以他買入5口黃豆近月合約，買入價格在835.25美分，2週後在黃豆價格漲到865.25美分時平倉，他可以賺到多少錢？

從表1-3-1「黃豆期貨合約規格」可以看到，1口合約數量是5,000英斗，最小跳動值為0.25美分，代表當合約報價每向上跳動1美分，等同賺50美元；反之，當報價每向下跳動1美分，等同賠50美元，所以小明的這筆投資結果如下：

表1-3-1	黃豆期貨合約規格					
美國芝加哥期貨交易所（CBOT）						
商品種類／代號	合約數量／間距	最小跳動值	每日漲／跌停板	交易月份	本地交易時間	
#玉米（C）	5,000英斗	0.25美分／英斗＝12.5美元	25美分/英斗＝1,250美元（停版收次日擴大）40美分第一通知日前一天起無	3、5、7、9、12	8:00～02:20	
#玉米（C）Option選擇權	5大點	0.125美分／英斗＝6.25美元		連續月（標的為近月期貨）	20:45～21:30暫停交易 20:45～21:00只能取消 重開前30秒不接受取消 粗米（RR）1 0:00～21:30暫停交易	
#黃豆（S）	5,000英斗	0.25美分／英斗＝12.5美元	60美分/英斗＝3,000美元（停版收次日擴大）90美分第一通知日前一天起無	1、3、5、7、8、9、11	Option最後交易日至02:15 每日結算價02:14～02:15	
#黃豆（S）Option選擇權	10大點			連續月（標的為近月期貨）	CBOT穀物類每日漲跌停公告	

資料來源：群益期貨

> （平倉賣出價位－買入價位）×合約口數×1大點的跳動值
> ＝（865.25－835.25）×5口×50美元＝7,500美元

所以小明買入5口黃豆合約，2週後賺了7,500美元，你可能會問，他是投入多少資金賺到7,500美元？我們可以從表1-3-2「黃豆期貨保證金」看到，1口合約最少要有1,650美元原始保證金，所以5口至少要有8,250美元才能交易，依此投入金額計算，收益率高達90.9%（7,500÷8,250＝90.9%），因為原本1口合約價值高達近41,750美元，卻只要用1,650美元保證金即可進場，槓桿高達25倍（41,750÷1,650）。

另外，從表1-3-2還可看到，維持保證金是1,500美元，代表當1口保證金虧損超過150美元時，期貨商就會發出追繳通知，所以交易者通常會投入比原始保證金還多的資金，比如用2倍原始保證金來交易1口合約，這樣就可以把交易槓桿縮小一半，並能維持交易，避免被追繳的風險。

表1-3-2　黃豆期貨保證金

	美國芝加哥期貨交易所（CBOT）				
代號	商品種類	幣別	原始保證金	維持保證金	當沖保證金
US	30年美國政府債券	USD	6,050	5,500	3,025
TY	10年美國債券	USD	1,980	18,00	990
FV	5年美國債券	USD	935	850	468
TU	2年美國債券	USD	523	475	261
UB	超長美國債券	USD	12,650	11,500	6,325
TN	長期美國10年債券	USD	3,520	3,200	1,760
FF	30天利率	USD	495	450	248
C	玉米	USD	990	900	495
S	黃豆	USD	1,650	1,500	825
BO	黃豆油	USD	853	775	426
SM	黃豆粉	USD	1,210	1,100	605
W	小麥	USD	1,568	1,425	784
O	燕麥	USD	715	650	358

資料來源：群益期貨

💲 增加資金、縮小槓桿 以降低風險

　　槓桿交易就是利用小資金來進行數倍、甚至數十倍於

原始金額的投資，期望獲得相對倍數的收益率，但同時

也須承擔可能帶來的倍數虧損風險。運用像期貨這樣具

槓桿效果的商品，若想進一步降低風險，可透過增加使用資金、降低槓桿、減少虧損。

若小明認為，近期黃豆可能走跌而看壞其價格，這時可以先賣出合約，前面提到，賣出合約，手上不一定要有現貨，有現貨者是以避險為目的，9成以上投資者手上並沒有現貨，只是單純投機看空黃豆價格，等價格下跌時買進平倉來賺取價差收益。

然而投機交易有人賺錢，相對也會有人虧錢。如果小明賣出5口黃豆近月合約，賣出價格在835.25美分，2週後黃豆漲到865.25美分，小明因看錯趨勢在865.25美分把合約平倉，他會賠多少錢？

（賣出價位－平倉買入價位）×合約口數×1大點的跳動值
＝（835.25－865.25）×5口×50美元＝－7,500美元
所以小明這次看空黃豆，交易損失7,500美元。

再舉一個能源期貨案例，你就能更了解這類交易的盈虧算法。

表1-3-3 輕原油期貨合約規格

紐約商業交易所（NYMEX）					
商品種類／代號	合約數量／間距	最小跳動值	每日漲／跌停板	交易月份	本地交易時間
#黃金（GC）	100盎司	10美分／盎司＝10美元	Circuit Breaker 滾動式5%	2、4、6、8、10、12	06:00～05:00 每日結算價 01:29～01:30
#黃金（GC）Option選擇權	5大點（5.0）	與期貨相同		連續3個月＋偶數月（標的為近月期貨）	
#微型黃金（MGC）	10盎司	10美分／盎司＝10美元		2、4、6、8、10、12	
#白銀（SI）	5,000盎司	0.5美分／盎司＝25美元	Circuit Breaker 滾動式5%	3、5、7、9、12	06:00～05:00 每日結算價 01:24～01:25
#白銀（SI）Option選擇權	5大點	0.1美分／盎司＝5美元		近2月＋5個期貨月（標的為近月期貨）	
#銅（HG）	25,000磅	0.05美分／磅＝12.5美元	Circuit Breaker 滾動式5%	3、5、7、9、12	06:00～05:00 每日結算價 00:59～01:00
#銅（HG）Option選擇權	1美分（100）	與期貨相同		3、5、7、9、12	
#輕原油（CL）	1,000桶	1美分／桶＝10美元	Circuit Breaker 滾動式15%	連續72個月	06:00～05:00 每日結算價 02:28～02:30
#輕原油（CL）Option選擇權	50點（0.5）	與期貨相同	配合期貨暫停	連續月	

資料來源：群益期貨

例如，小明看好油價近期可能上漲，所以他買入5口輕原油近月合約，買入價格為36.81美元，2週後在油價漲到39.96美元時平倉，他可以賺到多少錢？

從表1-3-3「輕原油期貨合約規格」可以看到，1口合約數量是1,000桶輕原油，最小的跳動值為1美分（0.01美元），代表當報價每向上跳動0.01美元，等同賺10美元（0.01美元×1,000桶）；反之，當報價每向下跳動0.01美元，等同賠10美元，所以小明這筆投資報酬結果如下：

> （平倉賣出價位－買入價位）×合約口數×1大點的跳動值
> ＝（39.96美元－36.81美元）×5口×1,000美元＝15,750美元

所以小明買入5口輕原油合約，2週後賺了15,750美元，從表1-3-4「輕原油期貨保證金」可見，1口合約最少要先投入9,900美元原始保證金，買入5口至少要有49,500美元才能交易，依此投入金額計算，收益率為31.8%（15,750÷49,500＝31.8%）。

　　這時你可能會想，為什麼輕原油漲幅8%以上，收益率只有31,8%，但黃豆才漲近3.5%，收益率卻達90%以上？那是因為保證金成數比不同，從圖1-3-5「黃豆期貨合約近月走勢」可看出，黃豆波動較小，所以保證金槓桿達25倍，但輕原油因2020年初新冠病毒疫情重傷全

表1-3-4	輕原油期貨保證金			
紐約商業交易所（NYMEX）				
代號	商品種類	幣別	原始保證金	維持保證金
GC	黃金	USD	10,065	9,150
MGC	微型黃金	USD	1,007	915
SI	白銀	USD	9,900	9,000
HG	銅	USD	4 125	3750
CL	輕原油	USD	9,900	9,000
QM	小原油	USD	4,950	4,500
BZ	布蘭特原油 現結	USD	8,250	7,500
RB	無鉛汽油	USD	10,450	9,500
NG	天然氣	USD	2,200	2,000
HO	熱燃油	USD	8,030	7,300
PL	白金	USD	4,950	4,500
PA	鈀金	USD	48,400	44,000

資料來源：群益期貨

球經濟活動,所以波動相當劇烈,從下頁圖1-3-6可以看到,2020年初輕原油的價格高點在65.65美元,低點為6.5美元,也因風險變高,保證金比率不斷調高,槓桿也從10多倍調整至不到4倍,所以在交易期貨時,注意保證金成數及槓桿倍數,是很重要的功課。

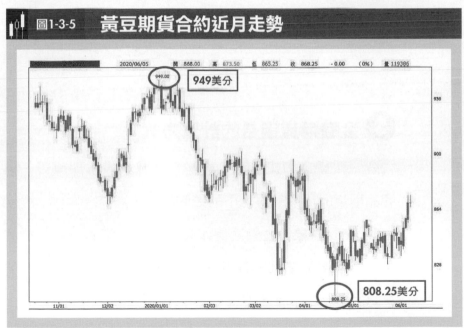

圖1-3-5 黃豆期貨合約近月走勢

資料來源:群益策略王

圖1-3-6 **輕原油期貨合約近月走勢**

65.65美元

6.5美元

資料來源：群益策略王

💲 金融期貨損益的計算方式

金融期貨合約如外匯、利率、指數及股票期貨等，與
商品期貨的最大差異有下列幾點：

❶ **交易對象**：金融期貨如股指期貨，沒有實體的標的
物，而商品期貨如農產品、貴金屬或能源產品，交易的
是具有實物型態的商品。

❷ **清算方式**：股指期貨在交割日以現金清算，而商品

期貨則可通過實物所有權轉讓清算。

❸ **交割日期：**金融期貨合約到期日都是標準化，大多是在3月、6月、9月、12月，而商品期貨合約的到期日則依商品特性而定。

從表1-3-7「台股期貨合約規格」可以看到，標的是台灣證券交易所發行量加權股價指數（為衡量台灣上市股票整體績效表現的指標），沒有交割實物，只能在月交割日直接用現金清算，接下來，我們就用台股期貨的案例來說明指數期貨合約的損益計算：

小張看好台股近期可能上漲，於是買進2口台股期貨近月合約，買進點數在10,625點，2天後指數來到10,885，小張將合約賣出平倉，他的損益為多少？

從表1-3-7可見，1口合約價值是台股期貨指數×200元，最小跳動值為指數1點，每1點為200元，代表當台股期貨指數每向上跳動1點，等同賺200元；反之，當報價每向下跳動1點，等同賠200元，所以小張這筆投資結

表1-3-7	台股期貨合約規格
中文簡稱	台股期貨
英文代碼	TX
交易時間	●本契約交易日同台灣證券交易所交易日 ●一般交易時段之交易時間為營業日8:45～13:45；到期月份契約最後交易日之交易時間為8:45～13:30 ●盤後交易時段之交易時間為營業日15:00～次日5:00；到期月份契約最後交易日無盤後交易時段
契約價值	台股期貨指數乘上台幣200元
契約到期交割月份	●自交易當月起連續3個月份，另加上3月、6月、9月、12月中3個接續的季月契約在市場交易 ●新交割月份契約於到期月份契約最後交易日之次一營業日一般交易時段起開始交易
每日結算價	每日結算價原則上採當日一般交易時段收盤前1分鐘內所有交易之成交量加權平均價，若無成交價時，則依本公司「台灣證券交易所股價指數期貨契約交易規則」訂定之
漲跌幅限制	各交易時段最大漲跌幅限制為前一一般交易時段每日結算價上下10%
最小升降單位	指數1點（相當於台幣200元）
最後交易日	各契約的最後交易日為各該契約交割月份第3個週三
最後結算日	最後結算日同最後交易日
最後結算價	以最後結算日台灣證券交易所當日交易時間收盤前30分鐘內所提供標的指數之簡單算術平均價訂之。其計算方式，由本公司另訂之
交割方式	以現金交割，交易人於最後結算日依最後結算價之差額，以淨額進行現金之交付或收受
部位限制	●交易人於任何時間持有本契約同一方之未沖銷部位總和，不得逾本公司公告之限制標準 ●法人機構基於避險需求得向本公司申請放寬部位限制 ●綜合帳戶，除免主動揭露個別交易人者適用法人部位限制外，持有部位不受本公司公告之部位限制
保證金	●期貨商向交易人收取之交易保證金及保證金追繳標準，不得低於本公司公告之原始保證金及維持保證金水準 ●本公司公告之原始保證金及維持保證金，以本公司結算保證金收取方式及標準計算之結算保證金為基準，按本公司訂定之成數計算之

資料來源：台灣期貨交易所

果如下：

> （平倉賣出點位－買入點位）×合約口數×200元
> ＝（10,885－10,625）×2口×200元＝104,000元

　　所以小張買入2口台股期貨合約，2天後賺了104,000元，從表1-3-8「台股期貨保證金」可見，1口合約最少要有148,000元原始保證金，所以2口至少要有296,000元才能交易，依此投入金額計算，收益率達35.1%（104,000÷296,000＝35.1%），小張能在2天賺了35.1%收益率，並不是因為指數漲幅驚人，而是因為原本1口合約價值高達近2,125,000元，卻只要148,000元保證金即可進場，槓桿高達14.3倍（2,125,000元÷148,000元）。

　　另外，從表1-3-8還可看到，維持保證金是113,000元，代表當帳戶虧損低於維持保證金時，期貨商就會發出追繳通知，所以在指數期貨的交易上，投資人大多會投入比原始保證金還多的資金，避免被追繳的風險。

表1-3-8	台股期貨保證金		
股價指數類			單位：元
商品別	結算保證金	維持保證金	原始保證金
台股期貨	109,000	113,000	148,000
電子期貨	83,000	86,000	113,000
金融期貨	47,000	49,000	64,000
小型台指	27,250	28,250	37,000
台指選擇權風險保證金（A）值	30,000	32,000	41,000
台指選擇權風險保證金（B）值	15,000	16,000	21,000
台指選擇權風險保證金（C）值	3,000	3,200	4,200
台灣50期貨	32,000	34,000	44,000

資料來源：台灣期貨交易所

在指數期貨的交易上，很多投資人會先賣，主要是看壞股市的投機者，或是手上持有很多股票想長線持有者，擔心股市會大跌、股票跌價而先賣出指數期貨來避險，像外資法人就是台股期貨最大的避險交易者。

在台灣金融期貨交易市場，除了台股期貨之外，另一個熱門的商品就是股票期貨，這也是本書的重點，我希

望能透過這本書讓很多只有股票買賣經驗者,能快速了解期貨的基本運作及交易方式,進而將股票現貨交易觀念轉化到股票期貨上,並運用其優勢增加交易的勝率及穩定性。

第 2 章

股期新手
10分鐘入門

2-1 從交易制度一窺股期市場

2-2 股票 vs 股票期貨

2-3 股期交易的6大優勢

2-1

從交易制度 一窺股期市場

想快速進入股票期貨市場，就要了解其交易制度。股票期貨是以股票為標的的期貨商品，在期貨交易所上市交易，採現金結算，屬於金融衍生性商品。

$ 股票期貨基本規格

目前股票期貨標的大部分為上市及上櫃股票所組成，少部分為指數股票型基金（ETF），由於每月合約到期是以現貨價格結算，兩者間有很高的價格連動關係，也因

此存在很多套利及避險的空間。

另外，股票期貨多空操作較靈活，不會因停券而無法做空，也不會因除權除息而影響正常交易，其中最大的誘因為交易成本低廉，這也是為何很多股票投資人利用股票期貨來增進交易優勢，造成其交易量逐年成長。

❶ 合約標的

台灣證券交易所或櫃買中心的上市、上櫃股票、指數股票型基金（國內ETF）、境外指數股票型基金（境外ETF），其標的應符合下列條件才能入選：

- 市值達台幣100億元以上。
- 最近3個月份成交股數占已上市或上櫃股份總額之比例達20%以上，或最近3個月份的月平均交易量達1億股以上。
- 最近期經會計師查核簽證或核閱之財務報告無虧損，或最近期雖有虧損但無累積虧損者。
- 最近3年未有證券交易法第156條之情形，經主管機關命令停止其一部或全部之買賣者。
- 最近1年未經台灣證券交易所或櫃買中心變更交易方式，或依台灣證券交易所營業細則第50條或第50條之3、櫃買中心證券商營業處所買賣有價證券業務規則第12條之1公告停止買賣者。
- 最近3個月標的證券未經台灣證券交易所或是櫃買中心依監視制度辦法處置者。
- 未經台灣證券交易所或櫃買中心依有價證券得為融資融券標準第4條公告暫停融資融券交易者。
- 公開資訊觀測站之財務重點專區無警示標記者。
- 未具其他因事業特性或特殊情形，可認對標的證券價格有不利影響者。

表2-1-1　股票期貨合約標的

股票期貨、選擇權商品代碼	證券代號	標的證券簡稱	是否為股票期貨標的	是否為股票選擇權標的	上市普通股標的證券	上櫃普通股標的證券	上市ETF標的證券	標準型證券股數
CA	1303	南亞	●	●	◎			2,000
CB	2002	中鋼	●	●	◎			2,000
CC	2303	聯電	●	●	◎			2,000
CD	2330	台積電	●	●	◎			2,000
CE	2881	富邦金	●	●	◎			2,000
CF	1301	台塑	●	●	◎			2,000
CG	2324	仁寶	●	●	◎			2,000
CH	2409	友達	●	●	◎			2,000
CJ	2880	華南金	●	●	◎			2,000

資料來源：台灣期貨交易所

表2-1-2　股票期貨合約單位

股票期貨、選擇權商品代碼	證券代號	標的證券簡稱	是否為股票期貨標的	是否為股票選擇權標的	上市普通股標的證券	上櫃普通股標的證券	上市ETF標的證券	標準型證券股數
IJ	3008	大立光	●		◎			2,000
OH	6279	胡連	●			◎		2,000
OJ	00636	國泰中國A50ETF	●	●			◎	10,000
OK	00639	富邦深100ETF	●	●			◎	10,000
OL	3008	大立光	●		◎			100
OM	1565	精華	●			◎		100
OO	00643	群益深證中小ETF	●	●			◎	10,000

資料來源：台灣期貨交易所

❷ 合約單位

最小單位為1口，一般1口合約為2張股票（2,000股），但最低也有100股的標的，像大立光這種高價股就有1口合約為2張股票的商品，以及1口合約為100股的小大立光商品。此外，如果標的為ETF（指數股票型基金），則1口合約為10,000受益權單位，交易前應看清楚，詳細內容在台灣證券交易所網站上均有公告。

❸ 最小升降單位

標的為股票者（同上市櫃股票）：

- 未滿10元者：0.01元。

- 10元至未滿50元者：0.05元。

- 50元至未滿100元者：0.1元。

- 100元至未滿500元者：0.5元。

- 500元至未滿1,000元者：1元。

- 1,000元以上者：5元。

標的為ETF者：

- 未滿50元者：0.01元。

- 50元以上者：0.05元。

❹ **每日漲跌幅限制**

標的為股票或ETF者，漲跌幅都是上下10%。

❺ **合約到期交割月份**

自交易當月起連續2個月份，加上3月、6月、9月、12月中3個接續的季月，總共有5個月份的合約在市場交易，比如現在交易月份為2月合約，則2月合約稱為當月或近月，3月合約稱為次月，其他3個接續季月為6月、9月及12月合約，不過一般來說只有當月及次月合約有人交易。

❻ **交易時間**

- 標的為股票或國內成分ETF者，交易時間為8:45～13:45。

- 標的為國外成分ETF者，交易時間為8:45～16:15。

❼ 最後交易及結算日

　　為各合約交割月份第3個週三，其次一營業日為新合約的開始交易日。

❽ 最後結算價

　　以最後結算日證券市場當日收盤前60分鐘內標的證券的算術平均價訂之。

❾ 交割方式

　　於最後結算日依最後結算價的差額，以淨額進行現金交付或收受，比如A用300元買入1口台積電股票期貨合約，B用300元賣出1口台積電股票期貨合約，兩人均未賣出或買回，一直到最後交易日直接結算，如果最後結算價為320元，A將獲利4萬元（20元×2,000股，未扣交易成本），B會損失4萬元（－20元×2,000股，未扣交易成本）。

⑩ 保證金

- 股期合約結算保證金＝期貨合約價格×合約數×風險價格係數。

- **原始保證金**：為委託人交易股票期貨契約所需的保證金額度。

- **維持保證金**：為委託人持有部位後的保證金最低額度標準。如委託人持有部位後，保證金餘額低於維持保證金時，期貨商應立即通知委託人補繳保證金至原始保證金標準。

表2-1-3	股票期貨風險價格係數3級距	
	原始保證金適用比率	維持保證金適用比率
級距1	13.5%	10.35%
級距2	16.2%	12.42%
級距3	20.25%	15.53%

資料來源：台灣期貨交易所

表2-1-4 股票期貨保證金比例

股票期貨 英文代碼	股票期貨標 的證券代號	股票期貨 中文簡稱	保證金 所屬級距	結算保證 金適用比例	維持保證 金適用比例	原始保證 金適用比例
CAF	1303	南亞期貨	級距1	10%	10.35%	13.5%
CBF	2002	中鋼期貨	級距1	10%	10.35%	13.5%
CCF	2303	聯電期貨	級距1	10%	10.35%	13.5%
CDF	2330	台積電期貨	級距1	10%	10.35%	13.5%
IJF	3008	大立光期貨	級距2	12%	12.42%	16.2%
OLF	3008	小型大立光期貨	級距2	12%	12.42%	16.2%
IMF	3019	亞光期貨	級距1	10%	10.35%	13.5%
IOF	3034	聯詠期貨	級距1	10%	10.35%	13.5%
IPF	3035	智原期貨	級距2	12%	12.42%	16.2%
IQF	3036	文曄期貨	級距1	10%	10.35%	13.5%
IRF	3037	欣興期貨	級距3	15%	15.53%	20.25%

資料來源：台灣期貨交易所

2-2

股票 vs 股票期貨

股票與股票期貨是不同的商品，兩者最大的差異在於交易時間、槓桿操作及交割方式，下面將針對這些進行說明。

$ 交易時間

目前台股交易時間為週一至週五9:00開盤，13:30收盤，開盤前8:30～9:00為試撮合，收盤前13:25～

13:30為集合競價。而股票期貨為週一至週五8:45開

盤，13:45收盤，開盤前8:30～8:45為試撮合。

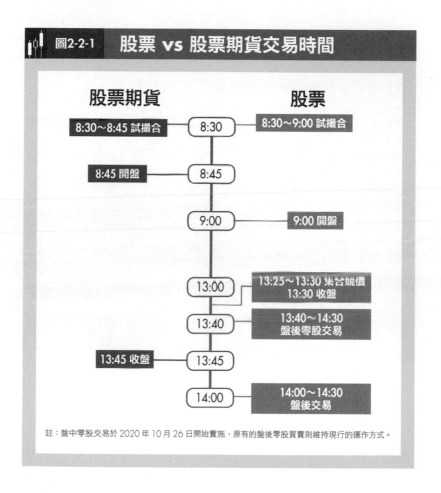

圖2-2-1 股票 vs 股票期貨交易時間

股票期貨		股票
8:30～8:45 試撮合	8:30	8:30～9:00 試撮合
8:45 開盤	8:45	
	9:00	9:00 開盤
	13:00	13:25～13:30 集合競價 13:30 收盤
	13:40	13:40～14:30 盤後零股交易
13:45 收盤	13:45	
	14:00	14:00～14:30 盤後交易

註：盤中零股交易於 2020 年 10 月 26 日開始實施，原有的盤後零股買賣則維持現行的運作方式。

💲 交易方式同為逐筆撮合

原先台股盤中交易為每5秒集合競價一次，但自2020年3月23日起，調整為與股票期貨相同的逐筆交易方式，逐筆交易是採隨到隨撮，立即成交，所以如果用市價進場可能在幾毫秒內就完成交易。

假設A股票在撮合前的5檔價量如表2-2-2，當投資人在105.5元輸入1筆買進40張的委託單，在逐筆交易制度下，將依賣出申報價格由低至高依序成交（見表2-2-3），分別以104.5元買進10張、105元買進20張及105.5買進10張，剩餘委託揭示如表2-2-4。

總而言之，逐筆交易是買賣委託隨到隨撮，在幾毫秒內即能完成交易。而價格的形成，則依下單的對手方價格依序成交，1筆委託可能產生多個成交價。

表2-2-2　A股票的5檔價量

委買張	價格	委賣張
—	106	40
—	105.5	30
—	105	20
—	104.5	10
10	104	—
20	103.5	—
30	103	—

表2-2-3　逐筆交易成交順序

成交順序	價格	成交張數
3	105.5	10
2	105	20
1	104.5	10

表2-2-4　逐筆交易後的5檔價量

委買張	價格	委賣張
—	106	40
—	105.5	20
10	104	—
20	103.5	—
30	103	—

表2-2-5	股票 vs 股票期貨交易方式	
交易標的	上市、上櫃股票	股票期貨
交易目的	籌資、投資、投機	避險、套利、投機
籌碼限制	限於流通在外股數	無限制,只要有人買賣
到期限制	無到期限制,除了下市	合約有到期日,到期以現金結算
交易槓桿	❶ 如為現股買入,等同用100%現金買入(無槓桿) ❷ 如為融資買入,等同用40%~60%現金買入,槓桿倍數依指數高低設有不同成數,一般約為2~2.5倍 ❸ 如為融券賣出,等同用90%~100%現金買入,幾乎無槓桿	不管先買或先賣,交易金額大約是合約金額的13.5%~20.25%,依標的風險而訂,交易繳付的是保證金,做為履約的擔保。槓桿倍數比較大,約5~7.5倍
除權除息	在除權息數週後才能領取公司發放的股票或現金股利	在除權息當天直接轉換現金,折抵成本
多空限制	❶ 股東會或除權息時大多會有停券不得做空的限制 ❷ 券商券源不足時無法做空 ❸ 公司不符合信用交易條件可能會停券不可做空 ❹ 可能會有不可當沖或現沖的規定,或是當沖或現沖只能先買再賣的限制	❶ 做空與做多皆可,無限制 ❷ 可當日沖銷無限制
每日結算	無須每日結算	每日結算,交易人帳戶保證金淨額必須高於維持保證金。
交割	T+2,成交後第2個營業日須辦理款、券交割,比如週一買入,則週三10點前要將交割款匯入銀行交割戶	到期時以現金交割

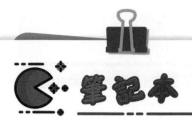

筆記本

2-3

股期交易的 6大優勢

股票期貨是依據期貨的規則與制度進行交易,所以在運作上比股票更具優勢,包括成本、交易槓桿、時間點、多空操作靈活、套利及避險等,下面將針對各優勢進行說明。

💲 優勢① 交易成本低廉

假設股王大立光(3008)股價為5,000元,買賣2張

股票的手續費加交易稅約5萬元，以5,000元以上的股票，每個跳動點5元計算，等同要5跳，每張賺25元，才能打平5萬元的手續費加交易稅。

但買1口股票期貨（等同買2張股票合約），進出的手續費不到50元，加上單趟10萬分之2的稅金約400元，總計進出成本約只有450元，不到股票買賣的百分之一，不僅如此，只要大立光1跳5元就可賺到1萬元收益，扣抵交易成本還有9,550獲利。

以下再用華新科（2492）與大同（2371）2個案例說明，讀者們就能更清楚成本的算法。

案例❶ 華新科（2492）

假設以186元買入華新科，向上1跳0.5元，在186.5元賣出，用股票與股票期貨交易的成本差異如下：

從表2-3-1可見，賣出2張華新科股票，收益為1,000元，須支付手續費、交易稅共2,181元，所以虧損1,181元，但如果用股票期貨交易，獲利1個跳動0.5元賣出1

口，收益同樣為1,000元，因手續費低廉加上稅金只有10萬分之2，成本僅有54元，所以光1跳淨利有946元，可見其優勢。

表2-3-1　高價股華新科交易成本比較

標的：華新科	買進					賣出					收益	交易成本	淨利
	股價	單位	合約價值	手續費	交易稅	股價	單位	合約價值	手續費	交易稅			
股票	186	2張	372,000	530	0	186.5	2張	373,000	532	1,119	1,000	2,181	−1,181
股票期貨	186	1口	372,000	20	7	186.5	1口	373,000	20	7	1,000	54	946

註：① 股票手續費＝成交總金額 × 千分之1.425，買進及賣出都要支付（手續費依個人交易量及下單方式，券商可能給予折扣）。
　　② 股票期貨手續費每口為固定費用，買進及賣出都要支付（本案例為1口20元）。

圖2-3-2　華新科股票期貨交易單

期貨				開始日 2019/12/20	結束日 2020/ 2/16	商品代號 FIHBF	查詢					最後查詢時間	
沖銷日期	帳號	商品	名稱	到期...	履...	成交日	買賣	成交價	成交量	來源	損益	手續費	交易稅	淨損益
20191220	FO...	FIHBF	FIH01	202001	0	20191218	買進	186	1	交易	0	20	7	-27
20191220	FO...	FIHBF	FIH01	202001	0	20191220	賣出	186.5	1	交易	1,000	20	7	973
期貨總計									2		1,000	40	14	946
選擇權...									0		0	0	0	0
總　　計									2		1,000	40	14	946

案例❷ 大同（2371）

假設以18.6元買入大同，向上1跳0.05元，在18.65元賣出，用股票與股票期貨交易的成本差異如下：

從表2-3-3可見，賣出20張大同股票，收益為1,000元，扣除手續費、交易稅2,181元，仍虧損1,181元，和上述華新科案例的虧損金額相同，雖然股票張數不同，但因為買入及賣出的總成交金額都一樣，所以交易成本都是2,181元。

不過，如果用股票期貨交易，則會產生不同的結果。獲利1跳0.05元，賣出10口（等同20張股票合約），雖然收益與華新科一樣都是1,000元，但因口數不同，手續費為20元×10口＝200元，買賣成本為400元，加上買進、賣出稅金各7元，最後淨利為1,000－400－14＝586元，可見以股票期貨買賣低於10元的股票，較不具成本優勢。

表2-3-3	低價股大同交易成本比較												
標的：華新科	買進					賣出					收益	交易成本	淨利
	股價	單位	合約價值	手續費	交易稅	股價	單位	合約價值	手續費	交易稅			
股票	18.6	20張	372,000	530	0	18.65	20張	373,000	532	1,119	1,000	2,181	−1,181
股票期貨	18.6	10口	372,000	200	7	18.65	10口	373,000	200	7	1,000	414	586

註：① 股票手續費＝成交總金額 × 千分之 1.425，買進及賣出都要支付（手續費依個人交易量及下單方式，券商可能給予折扣）。
② 股票期貨手續費每口為固定費用，買進及賣出都要支付（本案例為 1 口 20 元）。

💲 優勢② 約5～7.5倍槓桿 可放大獲利

　　股票期貨採用保證金的交易方式（在交易當下必須有足夠保證金才能掛單），目前保證金約為合約總值的13.5%～20.25%，約為5～7.5倍槓桿，而股票是現貨交易（現行交割制度為T＋2，也就是交易後，在第2個交易日上午10點前須將股款匯入交割帳戶）。如果股票要使用槓桿交易，須先申請信用交易，透過融資向券商借錢買股票，而券商會依上市或上櫃股票給予不同成數的融資，一般上市可借6成股款，而上櫃可借5成，當然若股票有異常交易被警告，借款的成數就會再降低，或不

得使用信用交易。

除此之外，股票使用槓桿交易會有利息，融資1年約有近6%的利息要支付，而股票期貨為保證金交易，因此沒有融資的問題，但缺點是每月要交割1次，會產生交易成本及換約可能的損失（當然也有可能換到更有利價位而獲利），下面將用2個案例說明，讓讀者更清楚股票期貨槓桿交易和股票信用交易的優缺點。

案例❶ 台積電（2330）

假設以300元買入2張台積電，抱股1年。由表2-3-4可以看出，買入2張台積電股票，總價為600,000元，使用融資自付款4成為240,000元，而股票期貨因為衍生性期貨商品，只須投入13.5%的81,000 元保證金，因此在槓桿應用上較具優勢。

再來，股票持股1年須付融資利息21,600元（以年息6%計算），而股票期貨因為採保證金制度，沒有融資問題也就無須支付利息。此外，在換倉成本上，股票可持

表2-3-4				持有高價股台積電1年的成本				
	股價	單位	合約價值	自付款	融資金額	年息（6%）	換倉成本	持股1年總成本
股票	300	2張	600,000	240,000	360,000	21,600	0	21,600
股票期貨	300	1口	600,000	81,000	0	0	686	686

續持有，但股票期貨每月都要結算，須賣出再買入進行換月，不過因為成本低廉，1年交易進出11次也不過近700元成本，所以對做槓桿的投資人而言，操作股票期貨較為有利，但須注意每月換倉時要選擇有利的價位，才不會產生損失。

案例❷ 友達（2409）

假設以10元買入60張友達，抱股1年。由表2-3-5可看出，買入60張友達股票，總價為600,000元，和上述台積電案例的總價相同，所以持股1年所需成本一樣為21,600元（以年息6%計算），但在股票期貨的成本就有很大差異，為達相同合約價值，買入30口友達期貨，買賣間會產生30×20×2＝1,200元成本，加上持股1

表2-3-5	持有低價股友達1年的成本							
	股價	單位	合約價值	自付款	融資金額	年息（6%）	換倉成本	持股1年總成本
股票	10	60張	600,000	240,000	360,000	21,600	0	21,600
股票期貨	10	30口	600,000	81,000	0	0	13,200	13,200

年要換倉11次，會產生1,200×11＝13,200元交易成本，相形之下，以股票期貨長期持有高價股較具優勢。

💲 優勢③ 做空較為靈活

在台股做空難度較高，主要有下列幾個重要原因：

❶ 股票做空（融券賣出）須投入9成以上的保證金，而做多（融資買入）只須投入4～6成的自有資金，對於散戶而言，融資買進的操作相對較有吸引力。

❷ 股票做空，投資人須先向券商借股票賣出，等到股價跌時再買回股票還給券商、賺取價差，但股票放空制度是有資才有券，也就是要先有融資買入的股票，券商才能提供給投資人融券賣出，因此融資少的股票相對沒

有券可用，就算知道股價可能大跌，也會因券源不足而無法融券，所以對做空者較不利。

❸ 台股每年至少會有2次融券強制回補時間，一是每年召開1次的股東常會，二是股票除權息日的前4個交易日，這對長線看空這支股票的投資人而言，操作難度極高，因為強制回補的空窗期可能帶來重大損失。

股票期貨因為是期貨商品，在做多或做空上並無差異，不論是做空賣出或做多買入保證金都相同，原始保證金為合約價值的13.5%～20.25%，另外期貨是零和交易，不會有股票券源不足的問題，隨時可進行新倉賣出，亦無停券及強制回補，因此在空方操作上具有很大的優勢。

💲 優勢④ 參與除權息不影響正常交易

每年6～9月為除權除息的旺季，當上市櫃公司有獲利時，通常會提供一定比例的利潤給投資人，若配發股票

稱為除權，若配發現金稱為除息。一般而言，當公司有擴充計劃，需要保留現金再投資時，就會採除權配股方式，不過由於台股是較為成熟的市場，多數公司擔心配發股票會使股本過度膨脹，大幅稀釋獲利能力，因此大多採配發現金股利。

由於除權會有配發股票的問題，為了讓讀者更清楚，下面將用案例進行說明：

案例❶ 聯詠（3034）

從圖2-3-6及表2-3-7可以清楚看到，運用股票期貨參與除息的優勢，聯詠在2019年7月12日除息8.8元，代表投資人在除息前必須決定是否參加除息，投資人參與除息的意願來自於：

● 填息的機會高不高，如果股票強勢有可能直接開高並在短時間漲回到除息前的價格代表填息（如圖2-3-6在除息的第3個交易日即達成填息），當然也有可能除息後一路走平或走跌而未能填息或貼息者。

● 一般而言，除息交易日後約1個月才能拿到現金，如果除息金額較高，當下帳面損失相對較多，這時融資者就會考量除息對整戶維持率的影響，較短線交易者則會斟酌資金的活用度。

● 除息發放現金可能會有稅金問題，因此稅金多寡會影響投資人參與除息的意願。

　而股票期貨在參與除息交易的優勢如下：

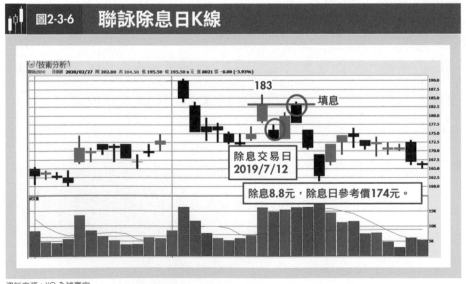

圖2-3-6　**聯詠除息日K線**

資料來源：XQ 全球贏家

● 股票期貨為股票的衍生性商品，不會有除息配發現金的問題，以聯詠為例，在除息前一天，買入1口（2張）參加除息，在除息日雖然有－18,000元的帳面損失，但當日的期貨帳戶權益數會自動調整為（買方加17,600元權益，賣方扣17,600元），等同交易日即把現金退回，對交易者而言，如果除息當日上漲3元，

表2-3-7　**除息交易比較**		
商品別	股票	股票期貨
商品名	聯詠	聯詠股期
張數／口數	2張	1口（2張）
除息現金股利	8.8元	
除息日	2019/7/12	
除息前一日收盤價	183	184.5
除息參考價	174	175.5
除息帳面損失	－18,000元	買方－18,000元 賣方＋18,000元
除息現金及發放日	2019/8/15發放 現金8.8元×2,000股＝ 17,600元	為衍生性商品，無除息現金發放問題，除息當日即調整買賣方權益數 （買方權益＋17,600元） （賣方權益－17,600元）
稅金	依個人所得不同，若超過免稅額須依所得級距扣稅	為衍生性商品，無實際除息，所以無稅金問題

等於當天現賺6,000元，不像股票要等1個月後，股息配發才能沖帳。

● 股票期貨除息前一日不會有停券的問題，因此多空都可以交易，當不看好除息行情者可以在除息前一日賣出，待貼息時買回即可得到貼息收益，因此操作靈活性大幅提升。

● 股票期貨為衍生性商品，不會有稅金的問題，所以投資人可善用此優勢來參與除息及可能的填息行情。

案例❷ 上銀（2049）

從圖2-3-8及表2-3-9可以看出，在除權息前一日買入上銀股票期貨，隔日即會調整合約，把股利算在帳戶的權益數，並依據除權的配股將合約單位由2,000股改為2,060股，等同除權當天即可賣出配股（買入股票者，須於除權後約2個月才拿到配股，此時有可能因價格向下而導致損失），這對喜歡參與除權息行情的交易者來說是個很棒的選擇。

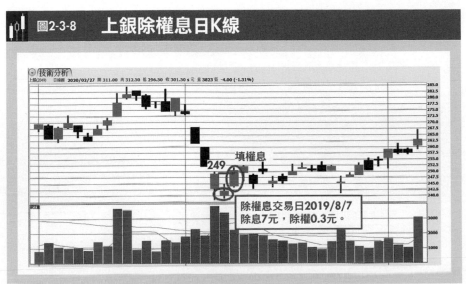

圖2-3-8 上銀除權息日K線

除權息交易日2019/8/7 除息7元，除權0.3元。

資料來源：XQ 全球贏家

表2-3-9 除權息交易比較		
商品別	股票	股票期貨
商品名	上銀	上銀股期
張數／口數	2張	1口（2張）
除息現金股利	7元	7元
除權配股	0.3元	0.3元
除權息日	2019/8/7	2019/8/7
除權息前一日收盤價	249	250
除權息參考價	235	236
除權商品調整（股票期貨會因除權而分成2個商品）	X	FFF1（調整後合約）合約單位＝2,060股 FFF（新掛合約）合約單位＝2,000股
除息帳面損失	−14,000元	FFF1（調整後合約）買方−14,000元 賣方＋14,000元 FFF（新掛合約）無影響
除息現金及發放日	2019/9/5發放 現金7元×2,000股＝14,000元	為衍生性商品，無除息現金發放問題，除息當日即調整買賣方權益數（買方權益＋14,000元）（賣方權益−14,000元）
除權股票發放日	2019/9/20發放 0.3元股票股利，2張發60股（2,000X0.03）	為衍生性商品，無除權配股發放問題，除權當日即調整合約（2,000股調為2,060股）
稅金	依個人所得不同，如超過免稅額須依所得級距扣稅	為衍生性商品，無實際除息，所以無稅金問題

$ 優勢⑤ 交易時段較長 可搶先布局

股票期貨的盤中交易時間比照台指期，提早現貨15分鐘，於8:45開盤，下午延後15分鐘，於13:45收盤，這也讓股期交易更為靈活，因為股票在13:30收盤，13:25開始進行收盤前的集合競價，所以當最後一盤有異常的量價行為而爆量上漲時，通常有可能是主力為明日向上做價做準備，或是知道某些消息者上車。

反之，當在最後一盤發現異常的量價行為而爆量下跌時，通常有可能是主力在大量出貨，這時因為股票已經收盤，只能利用盤後交易來買入或賣出股票，但盤後交易不一定能成交，尤其是股本不夠大或有多人想進場時就得要靠運氣，但股票期貨由於晚15分鐘收盤，因此可利用這期間進行交易，隔日若現貨試撮時主力故意做價拉高或拉低，就可善用股期提前15分鐘開盤的機會，在最好的點位出場。

以順邦（6147）為例，2017年12月14日開盤後一直

到12:30，頎邦都沒什麼成交量，價格也在平盤附近，但到12:30過後開始出量，價格跟著小漲，最後5分鐘的集合競價甚至出現千張大量，當日成交量比昨日爆增2倍以上，對量較為敏感的投資人來説，這樣的大量上攻可能代表有特定主力介入吃貨，預期明日股價有上攻機會，可以介入買短多，但這時間股市已經收盤，要介入只能利用盤後交易，不過因盤後交易不大，當多人想買時就只能看運氣。

這時股票期貨就可展現其優勢，因為距離收盤時間13:45，還有15分鐘可以交易，由圖2-3-10可以看到頎邦收盤價為60.8元，再看圖2-3-11，頎邦的股票期貨在最後15分鐘大約都在61.2元成交，代表有不少投資人買入，當時我也在收盤前買了一些。

巧合的是，就在當日下午，新聞出現「驅動IC封測廠頎邦董事會通過出售中國子公司頎中科技股權43.0767%給京東方相關投資基金等，預計獲得帳面利

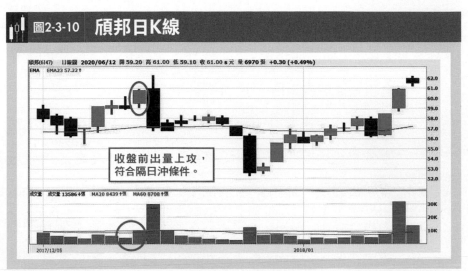

圖2-3-10　頎邦日K線

收盤前出量上攻，
符合隔日沖條件。

資料來源：XQ 全球贏家

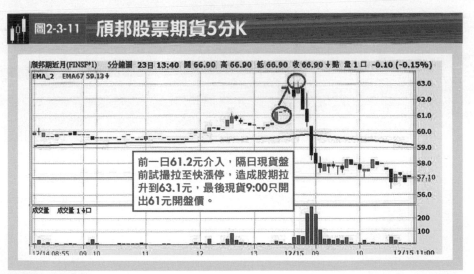

圖2-3-11　頎邦股票期貨5分K

前一日61.2元介入，隔日現貨盤
前試撮拉至快漲停，造成股期拉
升到63.1元，最後現貨9:00只開
出61元開盤價。

資料來源：XQ 全球贏家

益約6,307萬美元（折合台幣19億元），挹注每股盈餘2.8元，初估明年第2季可認列」，這也證實尾盤的大量上攻並非空穴來風。

　隔日，股市進行開盤前試撮合時，頎邦如預期開出漲停價格66.8元，但接近8:45價格回到65左右，這時股票期貨開盤，從前頁圖2-3-11可以看出開盤價近63元，比昨日高出3%以上，對短線交易者來說，雖不如預期強勢拉漲停，但3%已經是不錯的短線收益，所以我在開盤後即利用股票期貨停利出場，但另我驚訝的是，在現貨9:00開盤前1分鐘，試撮合竟然拉回快平盤價61元，而開盤後不到5分鐘，股票由62.3元直接拉回平盤以下，到9:10跌破59元，當天收盤57.1元大跌6%。

　市場解讀的大利多變開平走低爆跌，也跌破眾人的眼鏡，但我當天在股市開盤前，先行利用股票期貨在高點停利出場，再次驗證股票期貨提前開盤、延後收盤的時間優勢。

圖2-3-12　頎邦股票期貨交易單

項次	交易日期	商品名稱	年月	履約價格	C/P	結算價	買口數	賣口數	成交價格	權利金收支	損益
1	2017/12/14	NSF頎邦期貨	201712			0	1		60		5,600
	2017/12/15	NSF頎邦期貨	201712			0		1	62.8		
2	2017/12/14	NSF頎邦期貨	201712			0	1		60		4,200
	2017/12/15	NSF頎邦期貨	201712			0		1	62.1		
		台幣小計					2	2			9,800

資料來源：凱基期貨大三元

💲 優勢⑥ 提供避險及套利操作

　　過去，台股通常是利用台指期貨、電子期貨、金融期貨或透過新加坡摩台指期貨進行空單避險，但因為指數是透過市場的權值股權值加總而生成的指數，因此有可能你買入的股票跌，但加權指數期貨卻上漲，不但沒有避險還加大損失，但有了股票期貨之後，因為期貨、現貨為同一支股票，所以可以達到完全避險的效果。

　　比如在過年期間，很多人擔心長假期間可能出現利空因素，不想抱股過年，但又不希望賣掉現貨再買回來，因為要付出千分之五以上的稅金和手續費成本，另外，

也有人因現貨庫存較多，擔心大量賣出形成賣壓造成損失，這時就可利用股票期貨成本低廉的優勢，在長假前先賣出，之後再買回，如果期間市場大跌，不但可彌補股票損失，也不會有交易成本的損耗。

以中美晶（5483）為例，2020年1月20日台股封關，一直到1月30日才開市，中間有10天的長假，而封關前，中國武漢剛好出現近200個不明肺炎病例，且有3個死亡案例，在這之前口罩相關個股已拉了幾支漲停，而在美股持續創高效應下，封關前台股指數雖然仍在12,100以上的高點，但還是可以感受到市場氣氛詭譎，擔心長假期間會不會有什麼變數。

假設這時你手上有10張中美晶，如果未來仍看好其基本面，想繼續持有，但又擔心疫情變數，就可以在股票期貨市場賣出5口（10張）中美晶股期，等開市時再買回以規避市場風險。

而過年期間疫情果真大爆發，新春開盤日，武漢出現

7千多個新型冠狀病毒病例，近170人死亡，台股加權指數因而爆跌700點，從圖2-3-13可見，中美晶在開盤日出現跌停，股價由封關日的107元跌到96.3元，相對地，圖2-3-14中美晶股票期貨也出現近10%跌幅，這時如將5口股票期貨買回，則收益約有10萬元，可彌補股票現貨帳面上10.7萬元的損失。

再看圖2-3-13，中美晶因基本面支撐及法人買盤支持，股價在2週後又回到107元以上，不但回升到成本之上，又因避險操作得宜，多獲得近10%的收益。

另外，在股期套利的操作上，大約有以下幾種模式：

❶ 股票現貨及股票期貨套利

股票及股期是2個不同的市場，有不同的交易族群，在交易過程自然會出現一些價差空間，就如同過去常聽到，有人利用股票市場的台灣50（0050）和台指期貨進行套利，當台指期正價差大時（台指期－加權指數＞0為正價差），會賣出台指期，買進台灣50進行套利，

圖2-3-13　中美晶股價走勢

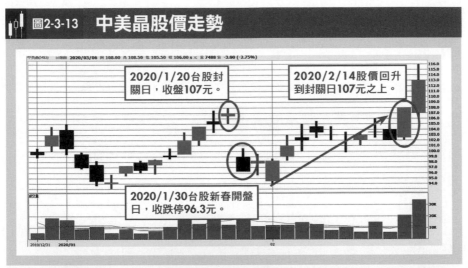

> 2020/1/20台股封關日，收盤107元。

> 2020/2/14股價回升到封關日107元之上。

> 2020/1/30台股新春開盤日，收跌停96.3元。

資料來源：XQ 全球贏家

圖2-3-14　中美晶股票期貨走勢

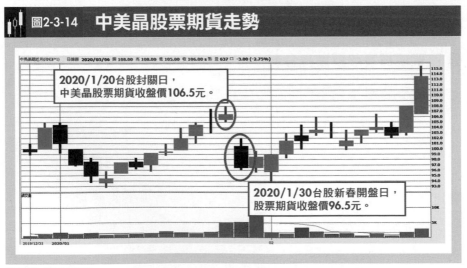

> 2020/1/20台股封關日，中美晶股票期貨收盤價106.5元。

> 2020/1/30台股新春開盤日，股票期貨收盤價96.5元。

資料來源：XQ 全球贏家

當價差收斂時就能獲取收益。

　　反之，當台指期逆價差大時（台指期－加權指數＜0為逆價差），會買入台指期，賣出台灣50進行套利，但這並非無風險，因為台灣50只是上市1,700多支股票中權值較大的50支，所以會有一些落差，有可能不但沒收斂反而出現發散，就會形成損失。

　　不過股票期貨就不同了，因為其標的就是現貨股票，當月結算時是用該現貨標的收盤前1小時平均價做為結算價，所以結算當天的期現貨幾乎達到完全收斂效果，所以當兩者間出現超出交易成本的價差，就可以進行無風險套利。

❷ 股票期貨結算當日無風險套利

　　股票期貨在每月第3週的週三進行月結算，以股票收盤前1小時平均價為結算價，因此當日如果股票期貨漲停（跌停），其漲停（跌停）價也是現貨的漲停（跌停）價，此時是漲無可漲（跌無可跌）的狀況，且當天

須進行結算出場，所以如果股票期貨在漲停（跌停）做空（做多），最差就是漲停（跌停）沒打開，損失手續費而已，但如果漲停（跌停）打開向下（向上）走，就會有下跌（上漲）的價差收益，最高有150%收益（20%×7.5倍槓桿）。

❸ 股票期貨跨商品套利

股票期貨因為成本低廉，加上不會有現貨停券或券源不足的問題，有利於進行跨商品的套利，例如有2家公司生產相同產品，A公司的本益比達30倍，但B公司的本益比只有20倍，且公司淨值接近，此時就可透過賣本益比高的A公司，同時等值買進本益比較低的B公司，當2家公司的本益比拉近（收斂）時，就有機會得到不錯的套利收益。

上述套利模式，將在下一個章節用案例詳細說明。

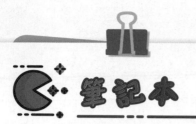

筆記本

第 3 章

股票期貨
3交易策略

3-1 策略❶ 短沖與波段的投機交易

3-2 策略❷ 無風險及低風險套利交易

3-3 策略❸ 跨商品價差交易

策略❶ 短沖
與波段的投機交易

股票期貨交易策略大致可分成4種，包括投機、套利、避險及價差。

❶ **投機交易**：看股票趨勢向上或向下，進而進行買入或賣出，在看多時低買高賣、看空時高賣低買，希望賺取收益。

❷ **套利交易**：運用期貨和現貨間的價差，或是利用月結算時期現貨價格收斂來套利。

❸ **避險交易**：在股票價格可能出現波動風險時，利用股票期貨低成本的優勢先鎖單避險。

❹ **價差交易**：這是難度較高的操作策略，分別有跨月價差交易，意謂經由近、遠月合約間的價差從中獲利，與運用強、弱勢股之間的價差進行交易。

接下來，我將透過案例詳細說明策略的運用。

💲 當沖：隨股票波動做多、做空

股票期貨因成本低廉，極適合當沖交易，如前面章節所談，就算當日用100元買入某股票，因結果不如預期，又以原價100元賣出，1口（2張股票）只需要不到50元手續費及稅金就可退場，相較股票市場更具優勢。但因股票期貨平時交易量較小，都是由現貨帶動，也就是當現貨爆量時，股期的交易量也會跟隨爆增，這時買賣股期就不用擔心沒量。

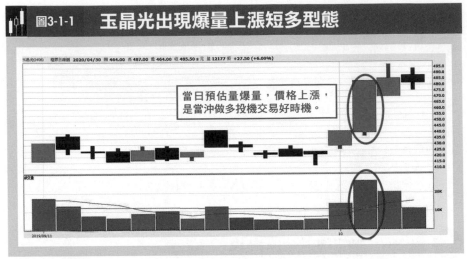

圖3-1-1　玉晶光出現爆量上漲短多型態

當日預估量爆量，價格上漲，是當沖做多投機交易好時機。

資料來源：XQ 全球贏家

股期隨現貨爆量上漲 當沖做多

　　當沖做多交易要找尋當天的強勢股，一般會找放量上漲的股票進行做多，以圖3-1-1玉晶光（3406）為例，可以看到2019年10月2日出現26,330張成交量，比起先前均量約11,000張明顯爆大量，且當日股價開平走高，對做多當沖交易者來説是個完美的時機。

　　從圖3-1-2也可以看出，因為股票爆大量，玉晶光股票

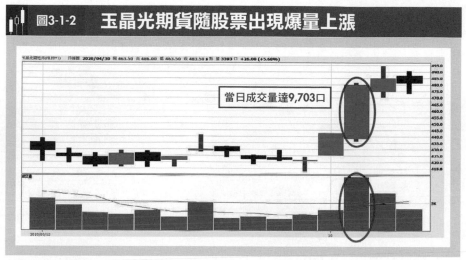

圖3-1-2 玉晶光期貨隨股票出現爆量上漲

當日成交量達9,703口

資料來源：XQ 全球贏家

期貨也爆出9,703口，比起前幾日約3,000口多了近3倍
的量，可見股期會因現貨放量而引動投資人進場，使交
易變得熱絡、波動也變大。

　再看圖3-1-3，當日9：30前玉晶光股票就出現超過
3,300張以上大量，對比先前均量約11,000張，明顯爆
出2倍量能，因此預期今日波動將變大，有利於當沖，
但這時只知波動變大，還不能明確知道漲、跌方向。

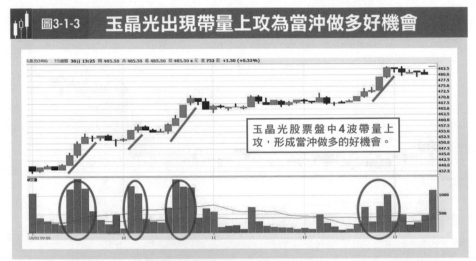

圖3-1-3　玉晶光出現帶量上攻為當沖做多好機會

玉晶光股票盤中4波帶量上攻，形成當沖做多的好機會。

資料來源：XQ全球贏家

　　接著，9:30後股票出現爆量上漲2%以上，明顯看出放量上漲的追價買盤，這時是當沖做多者進場的好時機，從圖3-1-3可見4波大量向上攻擊的軌跡，再看圖3-1-4，玉晶光股期波動幾乎和股票一樣，量的發動也近乎相同，所以可以看著股票波動進行股期的進出場，加上其交易成本低，買入1口（2張），只要向上1跳0.5元就可實收近1,000元，相對地能大幅提升當沖成功率。

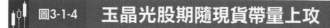

図3-1-4　**玉晶光股期隨現貨帶量上攻**

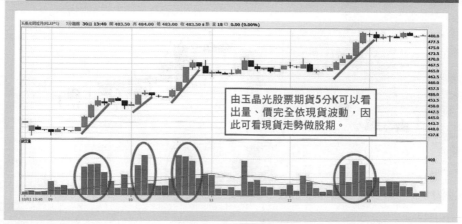

> 由玉晶光股票期貨5分K可以看出量、價完全依現貨波動，因此可看現貨走勢做股期。

資料來源：XQ全球贏家

股期隨現貨爆量下跌 當沖做空

　　股票做空有一些限制，包括每年股東會前及除權息的停券期，無法融券放空，另外，也可能因融資太少造成券源不足無法放空，好在近幾年政府對做空及短沖較為開放，讓投資人可以進行無券放空（先用現股賣出，收盤前再買回），大幅提升當沖做空的機會，但無券放空風險相對較高，若收盤前因漲停鎖住無法買回，須用極

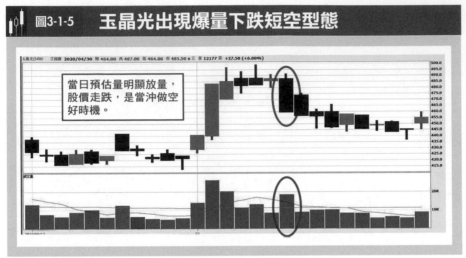

圖3-1-5　玉晶光出現爆量下跌短空型態

當日預估量明顯放量，
股價走跌，是當沖做空
好時機。

資料來源：XQ 全球贏家

高費用借券，否則有違約風險。此外，某些時候也可能
因政策限制不開放投資人平盤以下放空，或只能先買再
賣等，造成股票做空較不容易運作。

　　而股期解決上述放空限制的問題，因為期貨是零和遊
戲，每個月都會用現金結算市場留下的多單及空單，所
以不能限制做空，不然市場就沒有買賣，因此如果當日
對某股票看法偏空，且這支股票有股期，就可進行股期

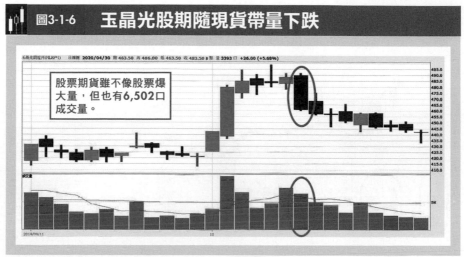

圖3-1-6 玉晶光股期隨現貨帶量下跌

股票期貨雖不像股票爆
大量,但也有6,502口
成交量。

資料來源:XQ全球贏家

當沖做空,當然成本優勢也是重要因素,先前已談過此
處就不再贅述,接下來,將說明適合當沖做空的時機。

首先,要找到當日的弱勢股,例如放量下跌的個股,
較有機會獲得短線向下的利差,以圖3-1-5玉晶光股票
為例,2019年10月9日出現18,502張成交量,比起昨
日的8,541張,明顯爆出2倍以上大量,且股價開平走
低,對做空當沖者來說是個完美的時機,再看圖3-1-6,

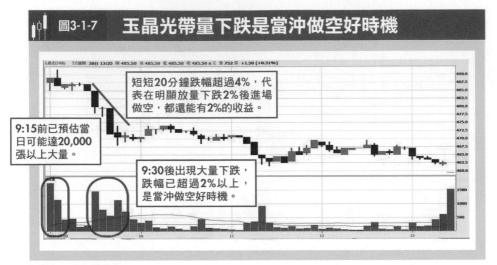

圖3-1-7 玉晶光帶量下跌是當沖做空好時機

短短20分鐘跌幅超過4%，代表在明顯放量下跌2%後進場做空，都還能有2%的收益。

9:15前已預估當日可能達20,000張以上大量。

9:30後出現大量下跌，跌幅已超過2%以上，是當沖做空好時機。

資料來源：XQ 全球贏家

　　玉晶光股期雖不像現貨爆大量，但也有6,502口（等同13,004張大量），交易也相當活躍，在期現貨的交易上不會有太大差異，一樣可以跟著現貨波動來交易股期。

　　由圖3-1-7可以看到，當日9:15前就出現超過3,000張以上大量，當日預估量約有20,000張以上，對比昨日8,000張左右的成交量，明顯放量2～3倍，可預期今日波動將變大，有利於當沖，但這時只知波動變大還不能

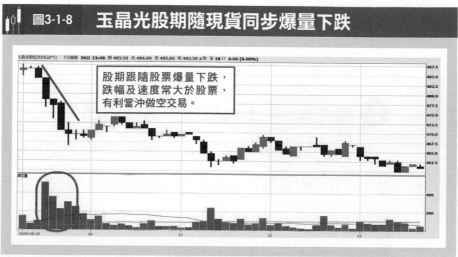

圖3-1-8　**玉晶光股期隨現貨同步爆量下跌**

股期跟隨股票爆量下跌，跌幅及速度常大於股票，有利當沖做空交易。

資料來源：XQ 全球贏家

明確知道漲、跌方向。

　　不過，在9:30後爆大量下跌2%以上，可明顯看出放量下跌的賣壓出現，這時是當沖做空者進場的好時機，再看圖3-1-8，玉光晶股期的波動幾乎和股票一樣，因此可以看著股票波動進行股期交易，例如在爆量下跌2%時進場做空，也就是在480元左右賣出1口期貨，10分鐘後以470元買回，收益即可達20,000元，這就是當沖的魅

力，不過相對地也是有風險，這部分我會在後面章節做更詳細的說明。

💲 隔日沖——上班族短沖最佳策略

股票期貨的短沖交易除了當沖之外，也可以運作隔日沖，隔日沖短多是在尾盤時選擇強勢股做多買入留倉，並在隔日高點時賣出賺取價差，這對無法看盤的投資人而言是一個不錯的策略，因為在中午休息時間才進場，隔日開盤前即可掛停利及停損出場單，剛好避開上班時間、較不受影響。

隔日沖短多交易

隔日沖短多的選股模式，其實和當沖做多差不多，都是選擇當日強勢股做多，只是兩者進出場的時間點不同，策略各有利弊。當沖是盤中介入，收盤前出場，沒有留倉的風險，但須承擔盤中股價可能上下波動因而停損；隔日沖則是尾盤進場，因留倉而存在相關政經及國

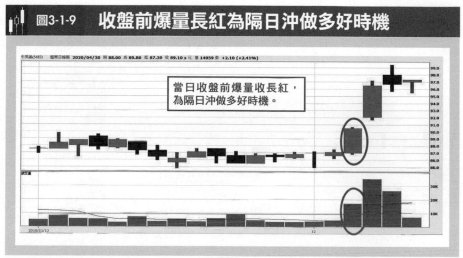

圖3-1-9 收盤前爆量長紅為隔日沖做多好時機

當日收盤前爆量收長紅，為隔日沖做多好時機。

資料來源：XQ全球贏家

際股市波動的風險，不過也可能因隔日開高而停利在更好的點位。

以圖3-1-9中美晶（5483）為例，2019年12月4日出現1支長紅K棒、爆量強勢上漲，隔日開盤直接跳空，在9:30就拉升5%以上，如果能在當日收盤前買進，隔日就能因為強勢向上，取得短線價差收益，這就是隔日沖投機交易。再看圖3-1-10，同一天中美晶股期同步放量

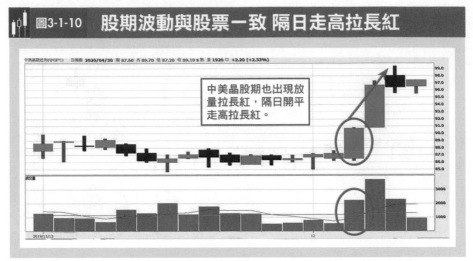

圖3-1-10　**股期波動與股票一致 隔日走高拉長紅**

中美晶股期也出現放量拉長紅，隔日開平走高拉長紅。

資料來源：XQ 全球贏家

拉長紅，投資人可利用股期比股票提早15分鐘開盤，晚15分鐘收盤的優勢，即使在股票收盤後再買進都來得及（如果不希望當日承受波動風險）。

　　不過，我覺得隔日沖最好能在股票最後一盤集合競價前（13:25）買入，因收盤後股票期貨交易量也會明顯下降，不一定能取得最佳的買點，另外股期在8:45就可以交易，如果在股票9:00開盤前有不錯的試撮價格，也

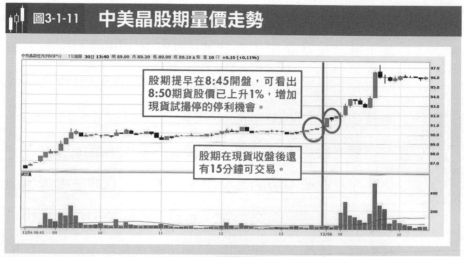

図3-1-11 中美晶股期量價走勢

股期提早在8:45開盤，可看出8:50期貨股價已上升1%，增加現貨試撮停的停利機會。

股期在現貨收盤後還有15分鐘可交易。

資料來源：XQ 全球贏家

許可以帶動股票期貨先走高，從圖3-1-11可以看出，中美晶股期價格在8:50已經拉升1%以上，這時如果不想承擔開盤後的風險，就可以先停利出場。

隔日沖短空交易

隔日沖短空交易是在尾盤時選擇弱勢股做空賣出，並在隔日低點時買回以賺取價差，簡單說，就是當某支股票有短線跌價的機會時介入做空，因為是期貨商品，所

以不像股票一樣，有停券或券源不足不能放空的問題，加上股票放空光保證金就要9成以上，造成市場融資買進大幅超過融券放空，所以在空頭市場來臨時常會造成融資多殺多、助跌的狀況。

市場上放空者少，加上有很多投資人不懂如何操作，錯失了在空頭市場的獲利機會，不過，我非鼓勵大家放空。但我是個平衡交易者，而且市場將如何發展誰也沒法料到，就像2020年初新冠肺炎病毒襲擊全球，各國股市無一倖免，在不到1個月內重挫30%以上，更沒想到在疫情未減緩之際，美股那斯達克和台股加權指數卻出現V形反轉，指數創下歷史新高，所以多空雙向運作是保護自己，也是維持績效的方法。

原本，我一直為股票做空而困擾，因為有停券、券源不足，投入保證金較大等問題，現在股票期貨剛好補足這一塊，加上只須投入13.5%～20.25%的保證金，大幅提升資金運用的靈活度。

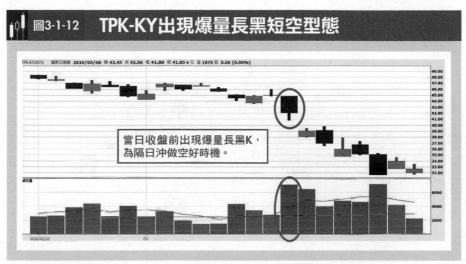

圖3-1-12　**TPK-KY出現爆量長黑短空型態**

當日收盤前出現爆量長黑K，
為隔日沖做空好時機。

資料來源：XQ全球贏家

　　以圖3-1-12的TPK-KY（3673）為例，2020年3月12日
出現爆量長黑，這時剛好是新冠肺炎病毒擴散全球，造
成國際股市重挫，台股也跟著爆跌之際，TPK-KY當日出
現爆量長黑，K線處在空頭型態，如果能善用股票期貨做
空的優勢，在收盤前先行賣出，這樣就能因為股票弱勢
爆跌，取得隔日短線的價差收益，這就是隔日沖做空的
投機交易。

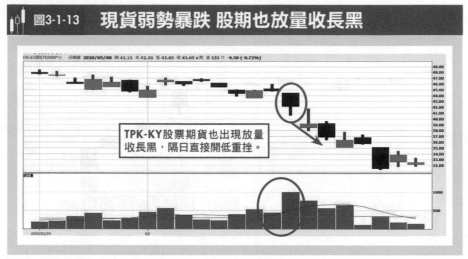

圖3-1-13 　現貨弱勢暴跌 股期也放量收長黑

TPK-KY股票期貨也出現放量收長黑，隔日直接開低重挫。

資料來源：XQ全球贏家

　　由圖3-1-14可以看到，3月13日8:45股期以38.5元開出，等於一開盤即爆跌8%以上，在股票開盤前，最低還跌停10%，所以可以好好運用股期隔日沖的優勢做空。

波段策略 搭配技術面、基本面操作

　　波段做多為看好股票未來趨勢的買進策略，進出場大都依據技術面或基本面來判斷，技術面包括均線、

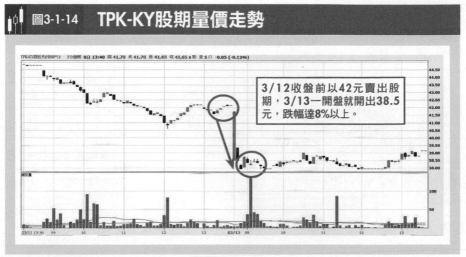

圖3-1-14 TPK-KY股期量價走勢

3/12收盤前以42元賣出股期，3/13一開盤就開出38.5元，跌幅達8%以上。

資料來源：XQ 全球贏家

KD、MACD等指標，基本面則是預估本益比高低，或評估產業熱度、未來前景等，當然也可兩者搭配運用，比如先把基本面看好的股票放到「多方股票池」（觀察名單），待技術面出現由空翻多的進場點時買入，出現停利或翻空時出場，來增進做多的勝率。

波段做多投機交易

以欣興（3037）為例，它是5G PCB的ABF載板概念

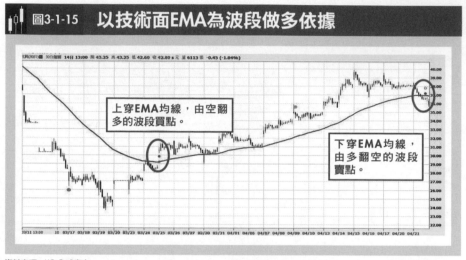

資料來源：XQ 全球贏家

　　股，在看好5G未來性及ABF載板需求的優勢，將它放到基本面看好的多方標的，再透過技術面的引導做為進出場依據。

　　圖3-1-15為欣興K線走勢，藍色線為EMA（指數移動平均線）參數37，可以看出2020年3月初因新冠肺炎疫情在全球大爆發，欣興也跟著爆跌，雖然5G基本面看好，但股價卻落入EMA之下，技術面形成空方趨勢。待

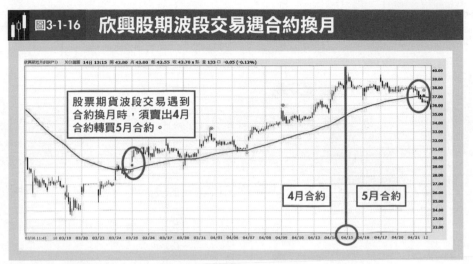

圖3-1-16　欣興股期波段交易遇合約換月

股票期貨波段交易遇到
合約換月時，須賣出4月
合約轉買5月合約。

4月合約　　5月合約

資料來源：XQ 全球贏家

3月24日，上穿EMA形成由空翻多才進場，股價約在30元，接著在4月21日出現下穿EMA，股價在37元左右出場，不到1個月獲得近7元價差，獲利率約23%，這就是利用波段的投機交易策略。

不過，股期交易不能長期持有，因為每月會有換月的問題，如圖3-1-16所示，股期在每月第3個週三結算，隔日換新月份合約，所以當2020年4月15日欣興股價還在

EMA之上，可以在當日賣出4月合約，同時買入5月合約讓合約繼續，直到2020年4月21日下穿EMA時再賣出。

波段做空投機交易

波段做空為看壞股票未來趨勢的賣出策略，也可針對本益比太高，或未來產業明顯走下坡、財報出現長期營收下滑、營益率下滑等基本面看壞的股票放到「空方股票池」，等待技術面出現由多翻空的進場點時再放空賣出，出現停利或翻多時出場，以增進做空的勝率。

以同致（3552）為例，其主力產品為倒車雷達，2017年前受惠法規對汽車安全配備的要求，產能需求大、公司營收及營益率佳；但自2018年開始，受到中國市場需求下降及同業競爭，營收及毛利率大幅下滑，股價也由2016年的高點580元，下跌到2018年上半年只剩不到100元，所以在2018年下半年時，將同致放到未來基本面看壞的「空方股票池」。

利用技術面為做空的進出場依據，從圖3-1-17可見，

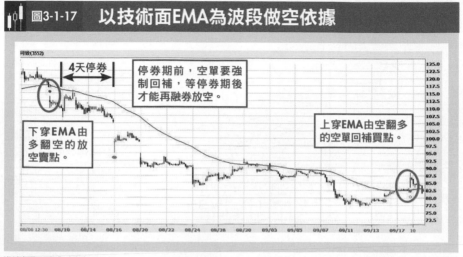

圖3-1-17　以技術面EMA為波段做空依據

資料來源：XQ 全球贏家

藍色線為EMA參數37，2018年8月9日下穿EMA形成由
多翻空型態，這時進場，股價約在112元，到同年9月
18日，出現上穿EMA翻多出場訊號，股價約85元，在1
個月用波段先賣再補，獲得近27元價差，扣掉結算換月
除息的2元，獲利約25元，獲利率大約22%。

　放空交易為股票期貨的優勢之一，從圖3-1-17可以看
到同致在8月16日除息，除息前4個交易日是停券期，股

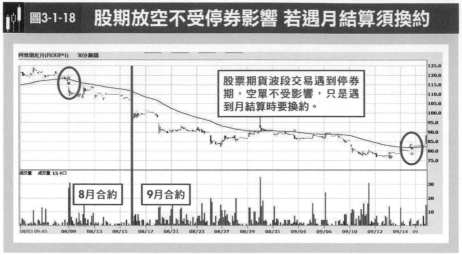

圖3-1-18　股期放空不受停券影響 若遇月結算須換約

同致期近月(FIOUF*I)　30分鐘圖

股票期貨波段交易遇到停券
期，空單不受影響，只是遇
到月結算時要換約。

8月合約　　9月合約

成交量　成交量 15 +0口

08/03 09:45　08/09　08/13　08/15　08/17　08/21　08/23　08/27　08/29　08/31　09/04　09/06　09/10　09/12　09/14　09

資料來源：XQ全球贏家

票沒辦法融券放空，即使之前已融券放空者，也須在停
券日前強制回補。

　　從圖可見，同致股價在8月9日跌破EMA，形成由多翻
空的放空點，但由於當天是停券前一日，股票空單要強
制回補，且有4天不能有券單，在停券期間股價曾大跌
10元以上，若等待停券期過後8月16日再放空，只能空
在97元，就不會空到8月9日的112元，等同停券期間損

失近15元的價差。

　　但若用股票期貨運作就沒這個問題，因為停券期依然可以賣出，只是如果剛好遇到結算日，要將商品合約換月，如圖3-1-18所示，8月15日因同致股價還在EMA之下，代表波段空單可續留，所以在當日買回8月合約，再賣出9月合約，讓合約能繼續。

3-2

策略❷ 無風險及低風險套利交易

股票期貨為股票的衍生性金融商品，同一個標的在2個市場交易，或多或少會出現價差，若價差收益扣除成本超過1%以上，我覺得就可進行套利，加上每月結算日使價差近乎完全收斂，所以如果是做當月或次月交易，也就是投入資金1到2個月內就能無風險賺到價差，收益比1年的定存還高，對於不想冒風險且又有資金的投資人而言，是不錯的交易策略。

💲 無風險期現貨套利交易策略

以碩禾（3691）為例，7月27日除息日時，股票9:00開盤成交價在263元，同時間股票期貨合約價格257.5元，有5.5元價差，也就是說，我們可以在股票市場用263元融券做空，在期貨市場用257.5元買對等口數的股期，鎖住5.5元價差，等到結算日依股票收盤前1小時平均價結算，等同期現貨接近完全收斂，這時把股票市場的融券回補，就可無風險賺進5.5元價差。

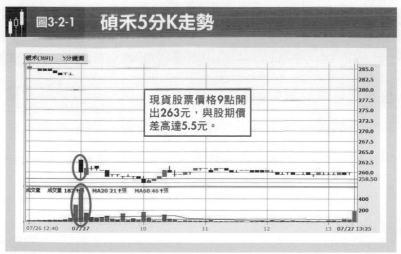

圖3-2-1 碩禾5分K走勢

現貨股票價格9點開出263元，與股期價差高達5.5元。

資料來源：XQ全球贏家

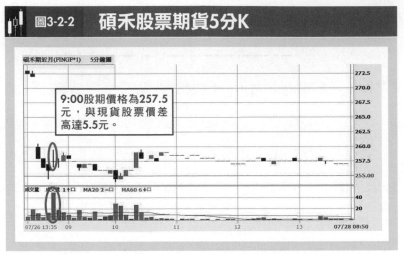

資料來源：XQ 全球贏家

　　須注意的是，在逆價差（現貨價高於期貨價）時，有
2種情形無法套利，一是股東會或除權息的停券期，因
為套利是現貨融券放空套期貨買進，遇到融券強制回補
時無法對鎖價差，所以如果在結算前會遇到停券期，就
應放棄套利。二是現貨券源不足、無法融券放空時。

碩禾期現貨套利公式

股票融券放空須投入資金：
股價×2,000股×融券保證金成數＝263×2,000×0.9
＝473,400元
買進股票期貨須投入資金：
股價×2,000股×股期保證金成數＝257.5×2,000×0.135
＝69,525元
總投入資金＝473,400＋69,525＝542,925元

股票融券放空須投入成本：
股價×2,000股×（來回手續費＋交易稅＋融券費）
＝263×2,000×（0.00285＋0.003＋0.0008）＝3,500
股票期貨買進須投入成本：
股票期貨來回手續費＋（股價×2,000股×來回稅金）
＝20×2＋（257.5×2,000×0.00004）＝60 元
總投入成本＝3,500＋60＝3,560元。

價差收益＝價差×股數－投入成本
價差收益＝5.5×2,000－3,560＝7,440元

淨收益率＝價差收益÷投入資金
＝7,440÷542,925＝1.37%

💲 結算日無風險套利交易策略

股票期貨在每個月第3個週三結算,以股票標的收盤前1小時的平均價格為結算價,這表示,如果當天股票盤中價格來到漲停或跌停,因為當天要結算,所以股票期貨價格不會超過現貨的漲停或跌停價格,加上股期交易成本極低,就有無風險或低風險的價差套利機會。

跌停無風險套利交易策略

當盤中跌停時,可依股票跌停價格買入股票期貨(須注意,如股期跌停價高於股票跌停價,就無法達到無風險套利),因為當天結算,不須擔心有更低點或隔日會續跌,一旦現貨價格打開跌停,就會產生價差收益,當股價拉升越高價差收益越高,若股價拉升回10%到平盤,因股期槓桿7.5倍,收益達75%。從圖3-2-3可見,從跌停拉升到漲停,當日可產生150%收益,重點是,即使當天維持跌停,最大損失也就是1口近20元手續費。

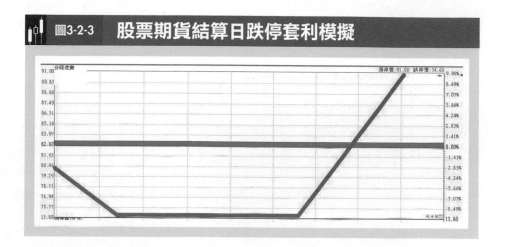

圖3-2-3 股票期貨結算日跌停套利模擬

漲停無風險套利交易策略

當盤中漲停時,可依股票漲停價賣出股期(須注意,如股期漲停價低於股票漲停價,就無法達到無風險套利),因為當天結算,所以不須擔心有更高點,或隔日會續漲,一旦現貨價格打開漲停,就會產生價差收益,當股價拉回越多,則價差收益越高,若股價拉回10%到平盤,因股期槓桿7.5倍,收益可達75%。從圖3-2-4可見,從漲停下殺到跌停,當日可產生150%收益,即使當

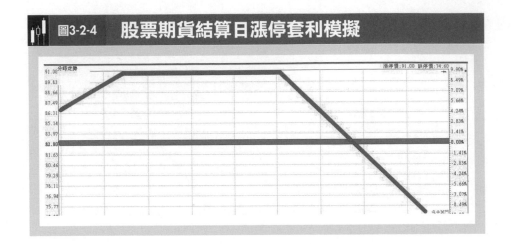

圖3-2-4 **股票期貨結算日漲停套利模擬**

天維持漲停，最大的損失也就是1口近20元的手續費。

💲 低風險套利交易策略

前面談到結算日無風險套利方式，須在股票盤中發生漲停或跌停時才能進行，因為當日股價不會再低於你的買價或高於你的賣價，所以稱為無風險價差套利，但這樣的條件相對難得，也較為搶手，介入機會很少，如果想積極介入，就必須承擔一些風險。

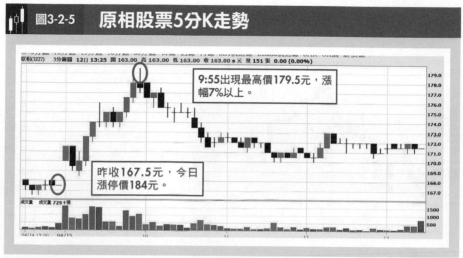

圖3-2-5　原相股票5分K走勢

> 9:55出現最高價179.5元，漲幅7%以上。

> 昨收167.5元，今日漲停價184元。

資料來源：XQ全球贏家

低風險做空套利

　　如果願意用股票漲停價以下、3%內的價格賣出股票期貨，當日收盤結算須承擔的最大風險，僅是現貨漲停鎖住到收盤的3%，但能換得較大的反向空間，若賣出後現貨股價反轉跌停，你就享有最高17%價差，但要記得，股期是採保證金交易，所以有5到7.5倍的槓桿效果。

　　以圖3-2-5原相（3227）股票走勢為例，9:55股價

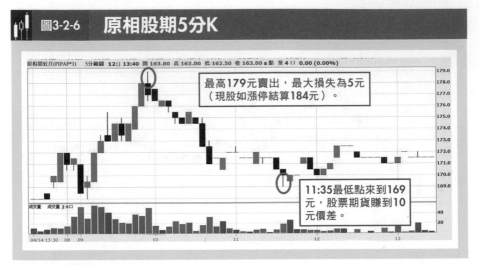

圖3-2-6 原相股期5分K

原相期近月(FIPAF*1)　5分鐘圖　12日 13:40　開 163.00　高 163.00　低 162.50　收 163.00 s 點 4 口 0.00 (0.00%)

> 最高179元賣出，最大損失為5元（現股如漲停結算184元）。

> 11:35最低點來到169元，股票期貨賺到10元價差。

資料來源：XQ 全球贏家

　　來到179.5元，接近漲停184元，再看圖3-2-6，同時間股期也漲到179元，離現貨價漲停價只有5元（不到3%漲幅），這時如果進行空單套利，以179元先賣出1口股期，從圖3-2-7可看到，可能的最大損失只有10,000元，但最高收益卻可達56,000元。

　　最終，原相股票期貨收盤結算為171.5元，進帳15,000元（2,000股×7.5元價差），但若能在11:35

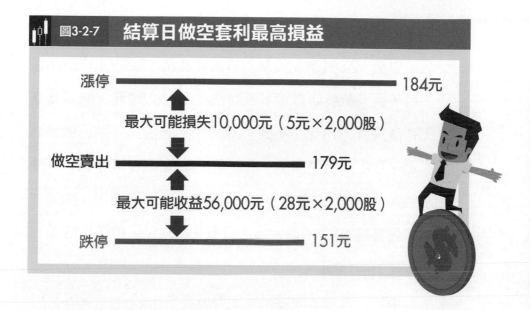

圖3-2-7　結算日做空套利最高損益

漲停 ——————————————————— 184元

最大可能損失10,000元（5元×2,000股）

做空賣出 ——————————————————— 179元

最大可能收益56,000元（28元×2,000股）

跌停 ——————————————————— 151元

最低169元回補，1口可進帳20,000元（等同2,000股
×10元價差），也代表盤中如果有不錯的價差空間，也
可以先行平倉停利，不用等待收盤結算的可能變數。

低風險做多套利

　如果願意用股票跌停價格以上、3%內的價格買進股票
期貨，當日收盤結算須承擔的最大風險，僅是現貨跌停
鎖住到收盤的3%，但能換得較大的上漲空間，若買進後

現貨股價反轉漲停，你就享有最高17%價差。

　　以圖3-2-8長榮航股票期貨走勢為例，在9:00現股開盤時，長榮航股期直接下殺到快跌停的8.59元，離現貨跌停價只有0.08元（不到1%幅度），這時如果進行做多套利，以8.59元先買進1口股期，如圖3-2-9可看到，可能的最大損失只有160元，但最高收益卻可達3,520元；如果買進10口，最大損失只有1,600元，但最大收益可能達35,200元。

　　最終，長榮航股票期貨收盤結算為8.52元，從圖3-2-9所示，長榮航股期盤中曾拉升至9.04元，此時若能先獲利了結可獲得近5%利潤，但如等到收盤結算，反而損失約1%，所以在盤中如果有不錯的價差空間，可先行平倉停利，不用等待收盤結算的可能變數。

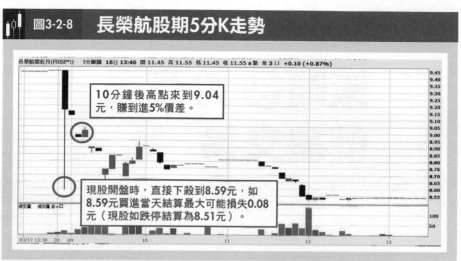

圖3-2-8　長榮航股期5分K走勢

> 長榮航期近月(FIHSP*1)　5分鐘圖　16日 13:40　開 11.45　高 11.55　低 11.45　收 11.55 s點　量 3 口　+0.10 (+0.87%)

10分鐘後高點來到9.04元，賺到進5%價差。

現股開盤時，直接下殺到8.59元，如8.59元買進當天結算最大可能損失0.08元（現股如跌停結算為8.51元）。

資料來源：XQ 全球贏家

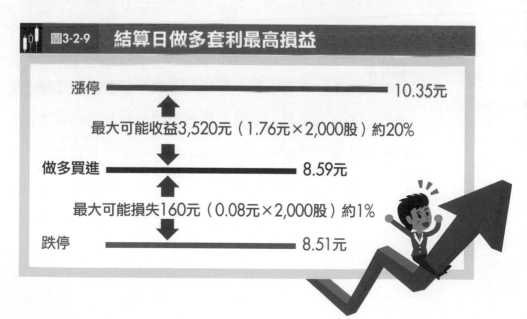

圖3-2-9　結算日做多套利最高損益

漲停 ——————————— 10.35元

最大可能收益3,520元（1.76元×2,000股）約20%

做多買進 ——————————— 8.59元

最大可能損失160元（0.08元×2,000股）約1%

跌停 ——————————— 8.51元

3-3

策略❸ 跨商品
價差交易

股票期貨價差交易策略，主要包括跨月價差及跨商品價差交易，其中跨月交易為看好股價上漲時，賣近月同時買遠月，期望未來遠月價格比近月價格高，而獲取價差；相反地，當看壞未來股價時，可以買近月同時賣遠月，期望未來遠月價格比近月價格低而獲取價差，但目前股票期貨的遠近月價差有限，較不易操作，所以我僅說明跨商品價差交易策略。

　　利用產業同質性高的股票，兩者之間因商品優劣、營收及盈餘好壞導致的價差進行操作，就稱為跨商品價差交易，操作方法為推算2家公司預估的本益比，當本益比拉大時即可做價差交易。

　　例如，景碩（3189）及華通（2313）均為iPhone的PCB供應鏈，主要生產類載板PCB，同質性很高。原本景碩為蘋果主要供應商，但華通從2017年起分食景碩的訂單，使其月營收一路下滑，收益比前一年大幅衰退50%，同年7月法人預估景碩EPS不到3元，其7月股價約在80元，超過預估本益比25倍，而華通則是自3月後每月營收大幅成長，法人預估其EPS可達3元，比去年1.36元收益成長超過100%，但華通7月股價只有約25元，不到預估本益比10倍。

　　所以我們可以利用配對交易做價差套利，也就是做空本益比過高的景碩，做多本益比偏低的華通，從圖3-3-1可看到2家公司股價，7月過後景碩從85元跌到12月的

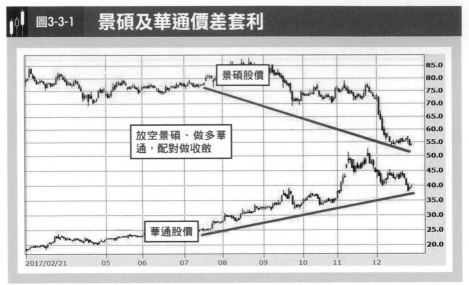

図3-3-1　景碩及華通價差套利

放空景碩、做多華通，配對做收斂

景碩股價

華通股價

2017/02/21　05　06　07　08　09　10　11　12

資料來源：XQ全球贏家

55元，而華通則是從25元漲到12月的40元（最高曾來到50元），2支股票原本價差近60元，收斂到價差15元，等同這半年即可賺到45元價差，獲利相當可觀。

　　從圖3-3-2可看出，如果從7月做空景碩到12月收益近40%，而從7月做多華通收益近60%，總共收益近100%，如果乘上股期7.5倍槓桿，有近750%收益。這樣

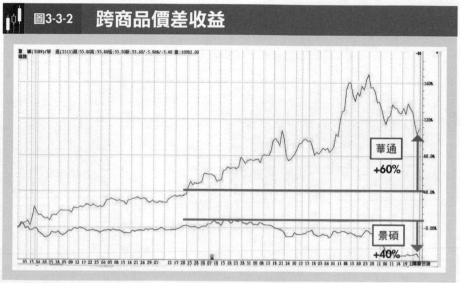

圖3-3-2　**跨商品價差收益**

資料來源：奔驣資訊

　　的配對價差交易風險小，原因在於1支做多、1支做空，
當大盤爆跌或爆漲時，2支股價同時大漲或大跌，並不
會對價差有太大影響，所以安全性相對較高。

第 **4** 章

股期當沖高勝率秘技

4-1 用量價和型態找出強弱勢股

4-2 短多當沖5型態實戰案例

4-3 短空當沖5型態實戰案例

4-1

用量價和型態
找出強弱勢股

股票期貨的標的為股票,所以交易量及價格會受到現貨股票波動的影響,當現貨出現爆量價漲向上攻擊,短線上走揚的機會就很大,當然也就帶動相對應的股期量價齊揚;反之,當現貨出現爆量價跌向下攻擊,短線走跌的機會就很大,也會帶動相對應的股期放量下跌。

不過,最好能在盤中就發現爆量攻擊,才可及時切入

進行當沖或隔日沖，如果是當沖，越早發現，就能越早進場，取得有利的點位，所以預估量就顯得相當重要，它是我在2004年進行當沖交易時獨創的指標，目前已有不少軟體提供此功能。

本章要談的短沖秘技，就是我在2016、2018年群益期貨人機對決比賽，奪下冠軍所運用的策略，它同時也是我在2006、2007年以200萬元，創造出2,000萬元，近10倍收益的策略，以下先說明其模型。

💲 3步驟找出短線強、弱勢股

量比價先行，我想很多人都聽過這個道理，如圖4-1-1所示，要找出當日強勢及弱勢股一定要先有量，而且最好在開盤後的半小時內就能知道當日收盤預估量，如果到收盤才確認，當天的行情已經走完。接著以預估量和昨日或過去一段時間的成交量相比，計算出均量比，如果比值爆量2倍、3倍，甚至10倍以上，代表這支股票當

日大幅波動的機率很高，至於向上或向下則要再看價。

　　如圖4-1-1所示，當爆量價上漲時，通常會誘發追價買盤，所以向上波動機率高；反之，當爆量而價下跌時，往往會誘發殺出賣盤，所以向下波動機率高，最後再確認型態，當型態創高（價創近半年以來的高點）、

圖4-1-1　運用量、價、型態找出強、弱勢股

量 ➔ 籌碼
量比價先：量是價的先行指標
盤中找出帶攻擊量的個股

價 ➔ 型態
量增價漲，誘發買盤
量增價跌，誘發賣盤

做多：反彈、整理突破向上、翻多、創高
做空：拉回、整理跌破向下、翻空、創低

翻多（剛上穿均線），盤整突破向上（盤整超過1個月以上）及反彈，這時做多的勝率相對較高；反之，當型態創低（價創近半年以來的低點）、翻空（剛下穿均線），盤整向下跌破（盤整超過1個月以上）及拉回，這時做空的勝率相對較高。

$ 短沖選股流程

如圖4-1-2所示，當沖、隔日沖的運作流程，首先是判斷預估量是否爆量，做多的標準為預估量達昨日、前5日或季均量的2倍以上就是爆量；做空的標準則較低，大約1.5倍以上就是爆量，因為台股近8成以上都是做多，所以做多爆量較明顯。

再來是價的評估，當爆量確立後如當日價漲2%以上，則在做多觀察區；反之，如果爆量下跌2%以上，放入做空觀察區。最後，則是檢視型態，當盤整突破向上、創高、翻多、多頭及反彈，列入短多選股池；反之，當盤

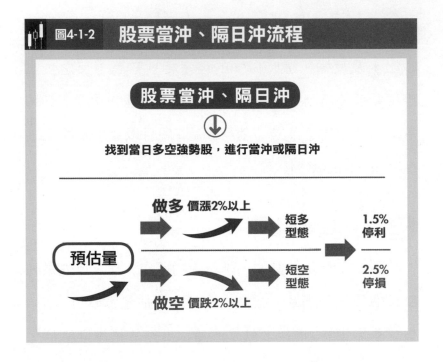

圖4-1-2　股票當沖、隔日沖流程

整跌破向下、創低、翻空、空頭及拉回,列入短空選股池,進場後立即設定停利、停損點位,獲利1.5%以上即停利,虧損2.5%即停損,但因為股期成本相對低廉,所以進行短沖時,可設定1%以上就停利,停損則是2.5%,如此可再拉高交易勝率。

💲 短沖的最佳進出場時機

基本上，當沖是希望能在當日停利沖銷，所以介入時間不能太晚，才不會錯失機會，但也不能太早介入，因為9:00一開盤預估量還不精確，加上開盤前半小時是主力出貨高峰，所以我會盡量在9:30後才介入，而12:30過後就不進場。

不過，有很多投資人因為上班無法盯盤、不能做當沖，此時就可以多利用隔日沖交易，在中午休息時間12:30後，選出量、價、型態符合的標的進場，隔日上班前（9:00前）設定出場的停利、停損點位。不過，如果在成交後的3個交易日內，都沒達到停利或停損，我便會就在收盤前出場，保持資金的週轉率，因為唯有高勝率、高週轉率才有高報酬率。

4-2

短多當沖 5型態實戰案例

我對創高型態的定義是，股價創近6個月以來的新高，由於散戶大多是追強勢股、不追弱勢股，因此主力會藉由拉動價量吸引散戶追價。

💲 案例①：放量創高紅K型態

基本上，我認為在極短線交易上追強勢股是滿正確的做法，因為強勢股股價相對比較有波動，也比較有機會

在當天攻上漲停。

創高股的強勢性更為明顯，因為股價創高，代表之前買入者都處在獲利狀態，籌碼相對穩定，主力這時通常會發動更大的交易量及強勢上攻來吸引追價者，因此就算主力是拉高出貨，只要能在1.5%左右停利，便能造就短線做多的極高成功率，而投資者追強勢創高股造成大損失，原因大多出在未設停損，因為是追求短線收益，所以買進後如果向上不如預期，也應向下設立停損。

由圖4-2-1可見，原相（3227）在2019年12月9日出現爆量上漲，K線創近半年以來新高，要是能在開盤後就發現它預估爆量的可能，就能在盤中進場並停利出場。

從圖4-2-2可看出，原相在9:30前的總量已達5,300張以上，估算收盤可能達26,000張以上，對比昨日成交量約10,000張、5日均量9,500張，均超過2倍以上量能；相較季均量5,600張更是達到4倍以上，再看原相9:30的股價漲幅也達2%以上，加上圖4-2-1出現短多創高型態，

量、價、型態都符合條件,是介入做短多當沖的時機,而在半小時後原相股價也由138元拉升到144.5元,漲了快5%,已達停利標準。

由圖4-2-3可以看出,原相股期跟著現貨波動,當現貨爆量時,股期的成交口數也跟著大增,當日最後成交口數為2,200口,較前日900口增加2倍以上,所以如果在9:30、139.5元左右進場,依據1.5%停利和2.5%停損點位,即可在5分鐘後達停利線當沖出場。

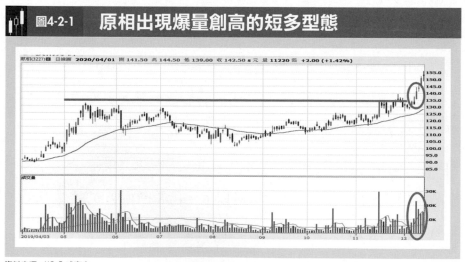

圖4-2-1 **原相出現爆量創高的短多型態**

資料來源:XQ全球贏家

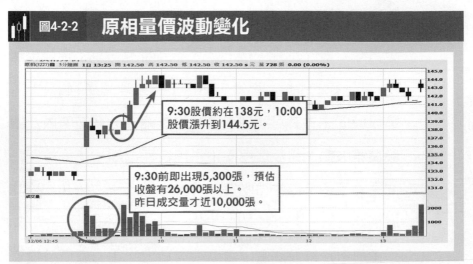

圖4-2-2 原相量價波動變化

9:30股價約在138元，10:00
股價漲升到144.5元。

9:30前即出現5,300張，預估
收盤有26,000張以上。
昨日成交量才近10,000張。

資料來源：XQ 全球贏家

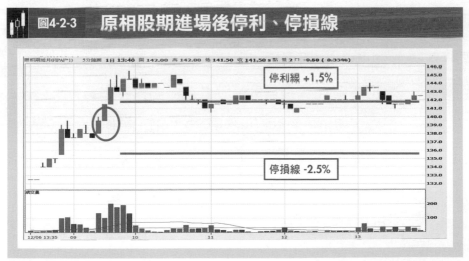

圖4-2-3 原相股期進場後停利、停損線

停利線 +1.5%

停損線 -2.5%

資料來源：XQ 全球贏家

💲 案例②：橫盤向上放量突破型態

當K線在一段時間內呈現上下狹幅盤整，稱為橫盤整理（在日K線的型態判斷上，通常是指整理超過1個月），這段時間主力有可能刻意將股價壓縮在一個範圍內，讓股價不波動，引發散戶受不了等待而出場，使得籌碼轉向主力手中，等主力吃貨完成就會進行一波拉升，這時就稱為橫盤向上放量突破型態。

由於散戶浮額洗清、籌碼相對穩定，主力做價及投資人追價意願較高，所以股價突破箱型整理的高點後，通常會有一波不錯的短線漲幅。

由圖4-2-4可看出，彩晶（6116）在2019年12月9日爆出超過10萬張巨量，股價在橫向盤整超過1個月後，上漲突破箱形的高點，從圖4-2-5可以看出，在9:30前彩晶總量已達14,500張以上，超出昨日總量14,000張，估算收盤可能達70,000張以上的成交量，大於昨日、5日或季均量6倍以上，另外，9:30的股價漲幅也超過

圖4-2-4 **彩晶出現爆量橫盤向上突破型態**

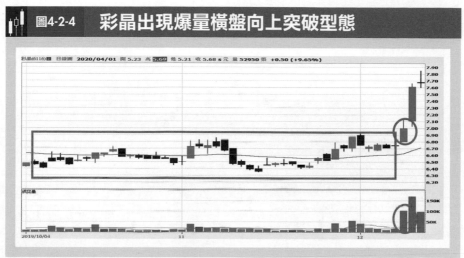

資料來源：XQ 全球贏家

圖4-2-5 **彩晶量價波動變化**

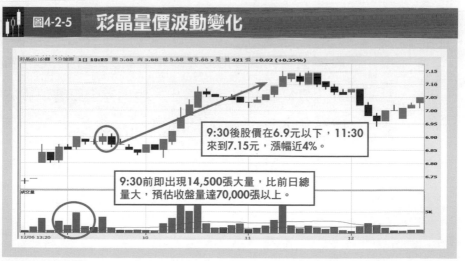

9:30後股價在6.9元以下，11:30來到7.15元，漲幅近4%。

9:30前即出現14,500張大量，比前日總量大，預估收盤量達70,000張以上。

資料來源：XQ 全球贏家

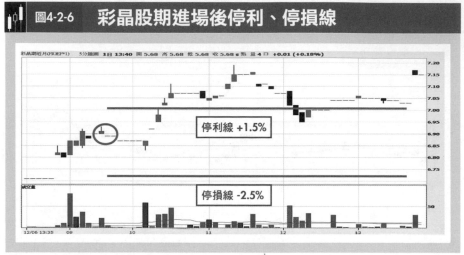

圖4-2-6　彩晶股期進場後停利、停損線

停利線 +1.5%

停損線 -2.5%

資料來源：XQ全球贏家

2%，量、價、型態都符合條件，是介入做短多當沖的時機，而股價也由9:30的6.9元以下，拉升到11:30的高點7.15元，另從圖4-2-6可以看出，股期完全跟著現貨波動，所以在10:20左右觸及停利線即可出場。

💲 案例③：上穿EMA放量翻多紅K型態

23日EMA是一條平滑移動平均線，23日約1個月，也可以說是1個月的平均成本線，當K棒站上EMA，代表目前成交價格在月成本線之上，亦即近1個月進場的大多賺錢，所以紅K棒放量上穿EMA視為由空翻多跡象，投資人進場做多意願轉強，甚至能帶動一些長線投資者的買單介入，因而拉高短線股價，就短沖做多者而言，在1.5%左右停利有高勝率。

由圖4-2-7可看出，玉晶光（3406）在2019年12月9日出現超過12,000張的量，股價向上穿過23日EMA均線，形成由空翻多型態，另從圖4-2-8可見，在9:30前玉晶光總量已達3,700張以上，估算收盤可能超過19,000張，大於昨日5,700張達3倍以上，此外，9:30其股價漲幅也逾2%，這時量、價、型態都符合條件，是介入做短多當沖的時機。

不過，從圖中也可看到，9:30玉晶光股價約在430

元，一直到10:30為止，都在427元到430元之間，並非越早買入價格越低，當9:30發現大量上漲，到10:30之後開始發動，還有1小時的介入機會，最後收盤時股價甚至來到最高的440元。由圖4-2-9可以看出，股期完全跟著現貨波動，大約在12:45左右觸及停利線即可停利出場。

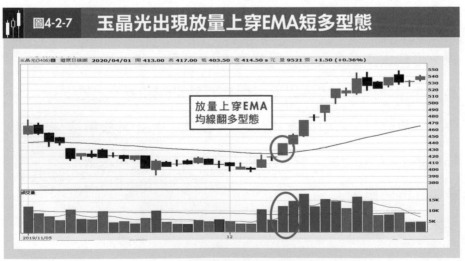

圖4-2-7　玉晶光出現放量上穿EMA短多型態

資料來源：XQ 全球贏家

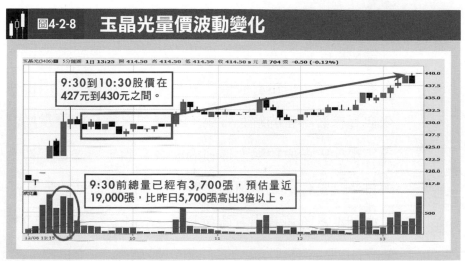

圖4-2-8 玉晶光量價波動變化

9:30到10:30股價在427元到430元之間。

9:30前總量已經有3,700張，預估量近19,000張，比昨日5,700張高出3倍以上。

資料來源：XQ 全球贏家

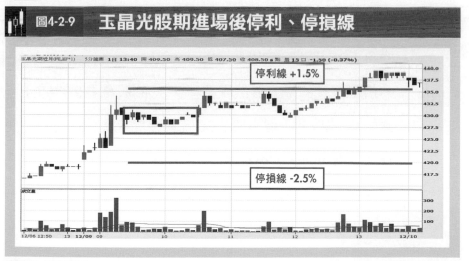

圖4-2-9 玉晶光股期進場後停利、停損線

停利線 +1.5%

停損線 -2.5%

資料來源：XQ 全球贏家

💲 案例④：站上EMA放量多頭紅K型態

當K線站上EMA，代表目前K線處在多頭型態，投資人看法偏多，但由於股價接近半年來的前高，所以會有來自高檔套牢者的解套賣壓，不過如果當日明顯量增價漲，也代表多方攻擊力道強過解套賣壓，再加上當沖、隔日沖只要有1.5%獲利即可停利，所以勝率還是很高。

由圖4-2-10可看出，聯發科（2454）在2019年2月11日出現超過19,400張的量，股價站上23日EMA均線，為多頭型態，再看圖4-2-11，在9:30前聯發科總量已達7,000張以上，估算收盤可能超過35,000張，大於昨日5,074張達6倍以上。

值得注意的是，雖然聯發科9:30的股價在251.5元，漲幅達2%以上，但由於9:00就直接開高到252.5元，使得9:30出現黑K，不符合紅K條件，要等到11:50上攻突破開盤價，形成紅K棒，這時量、價、型態才完全符合，是介入做短多當沖的時機。

圖4-2-10　聯發科放量站上EMA的多頭型態

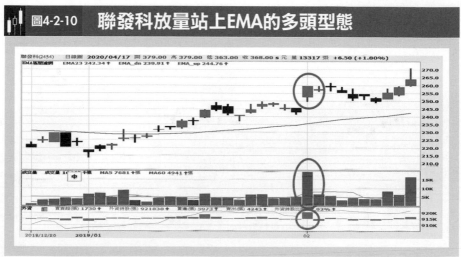

資料來源：XQ 全球贏家

圖4-2-11　聯發科量價波動變化

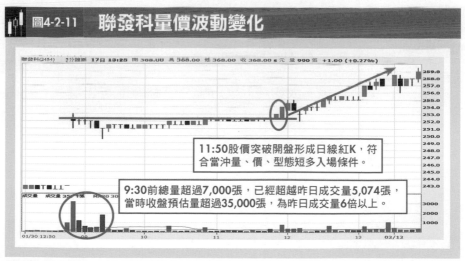

11:50股價突破開盤形成日線紅K，符合當沖量、價、型態短多入場條件。

9:30前總量超過7,000張，已經超越昨日成交量5,074張，當時收盤預估量超過35,000張，為昨日成交量6倍以上。

資料來源：XQ 全球贏家

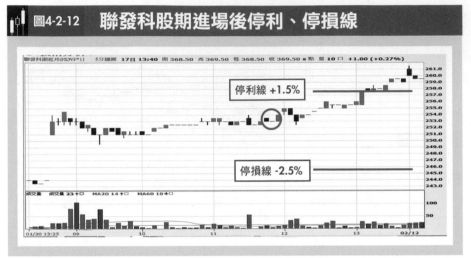

圖4-2-12 聯發科股期進場後停利、停損線

停利線 +1.5%

停損線 -2.5%

資料來源：XQ 全球贏家

　　從圖4-2-12可看出，聯發科股期雖在11:50還未突破開盤高點，但因為現貨符合進場條件，所以股期仍按操作策略進場，大約在13:05觸及停利線即可出場。

案例⑤：反彈放量紅K型態

　　反彈型態代表目前股價在EMA平均成本線之下，也就是位在空頭區間，大多數投資人都處於虧損，股價賣壓

相對較重，對於短多操作者而言，是一種逆勢買進的行為，但我仍會進行操作，原因在於低檔爆量上漲有可能是主力為了解套拉升，或是股價乖離過大形成強彈，通常股價彈升5%～10%以上的機率很高，所以依當沖、隔日沖近1.5%即停利的策略，還是有極高的勝率。

但如果目前處於多頭市場，我不會把反彈放入短沖選股，而會優先選擇創高、橫盤向上突破或剛上穿EMA的型態；反之，若在空頭市場，反彈為短多主流，這時就可優先選擇爆量反彈的第1支紅K棒，成功率會更高。

由圖4-2-13可看出，群創（3481）在2020年4月1日出現超過229,000張的大量，股價在23日EMA均線之下，為反彈型態，再看圖4-2-14，在9:30前群創總量已超過51,000張，估算收盤可能達250,000張以上，大於昨日量93,343張約3倍。

當時正處在新冠病毒疫情最嚴重的時期，全球股市重挫，大多數股票均處在空頭型態，反彈為短多主流，而

　　群創正是第1支爆量長紅反彈的股票，所以選擇它做為短多標的。

　　從圖4-2-14可看到，9:30群創股價漲幅已達4%以上，且開平走高形成爆量長紅K，這時量、價、型態都符合條件，是介入做短多當沖的時機。由圖4-2-15可見，群創股期完全跟著現貨波動一路向上，所以同時間以5.46元買進股期，5分鐘後即達2%漲幅，最終在10:45後直攻漲停價。

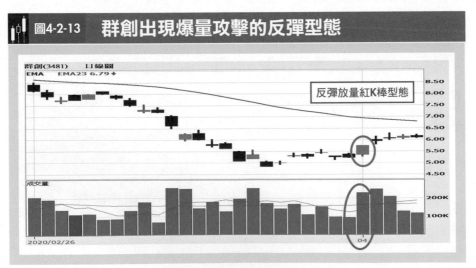

圖4-2-13　**群創出現爆量攻擊的反彈型態**

資料來源：XQ 全球贏家

圖4-2-14　群創量價波動變化

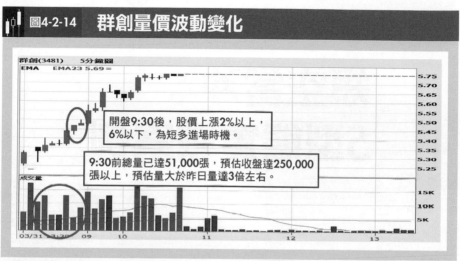

> 開盤9:30後，股價上漲2%以上，6%以下，為短多進場時機。

> 9:30前總量已達51,000張，預估收盤達250,000張以上，預估量大於昨日量達3倍左右。

資料來源：XQ 全球贏家

圖4-2-15　群創股期進場後停利、停損線

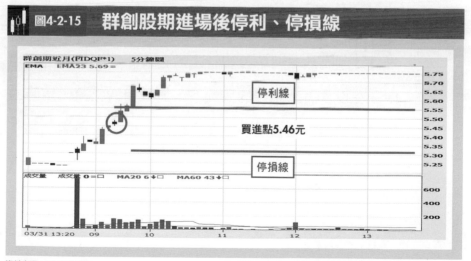

> 停利線

> 買進點5.46元

> 停損線

資料來源：XQ 全球贏家

4-3

短空當沖
5型態實戰案例

創低和創高放量行情，是完全不同的情境和心態，創高放量時，投資者是處在沒有套牢賣壓的環境中，在投入者都賺錢的情況下，籌碼相對輕盈，這時主力放量做價，往往能吸引散戶追逐，使股價再度創高；創低放量則剛好相反，在投入者大多套牢的情況下，賣壓相對沉重，這時只要有一點利空消息，或主力向下做量做價製造賣壓，散戶在融資壓力下會造成多殺多，當

有斷頭壓力生成，股價向下態勢會更明顯。

💲 案例①：放量創低黑K型態

我對創低型態的定義是，股價創近6個月以來的新低，在大多數投資人都處在嚴重虧損的狀態下，只要當天出現放量下跌黑K棒，便會引發套牢者或被融資追繳者殺出，所以有時跌勢比起漲勢是又快又急，也讓短線放空者處在較有利的位置。

由圖4-3-1可看出，華邦電（2344）在2020年3月12日出現爆量下跌，且K線創近半年來新低，若能在9:30前即預估這支股票爆量的可能性，就能在盤中進場做空，並得到停利出場的機會。

由圖4-3-2可見9:30前華邦電總量已達11,600張以上，估算收盤可能超過58,000張，對比昨日成交量約24,000張，5日均量、季均量均已逾2倍以上量能，此外，9:30華邦電股價在14.8元跌幅也達2%以上，加以

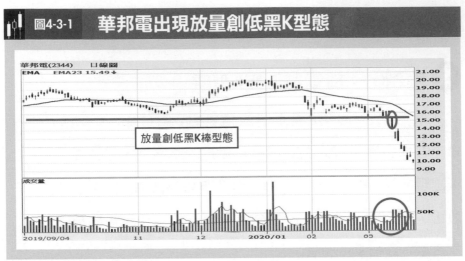

圖4-3-1　**華邦電出現放量創低黑K型態**

放量創低黑K棒型態

資料來源：XQ 全球贏家

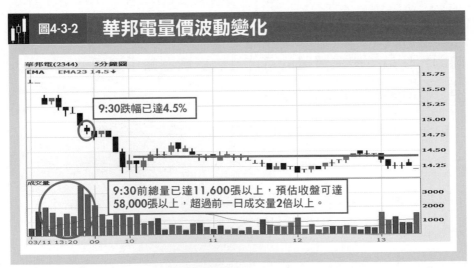

圖4-3-2　**華邦電量價波動變化**

9:30跌幅已達4.5%

9:30前總量已達11,600張以上，預估收盤可達58,000張以上，超過前一日成交量2倍以上。

資料來源：XQ 全球贏家

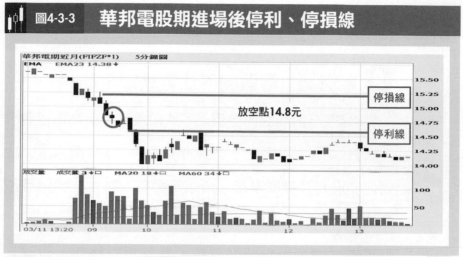

圖4-3-3 華邦電股期進場後停利、停損線

華邦電期近月(FIFZF*1) 5分鐘圖

放空點14.8元

停損線

停利線

資料來源：XQ 全球贏家

圖4-3-1出現放量創低黑K棒型態，量、價、型態都符合條件是介入做短空當沖的時機，20分鐘後其股價由14.8元急跌到14元，跌幅5%以上，已達1.5%停利標準。

從圖4-3-3可以看出，華邦電股期的成交口數也跟著大增，當日最後成交口數為2,192口，也較前日919口增加2倍以上，所以如果能在9:30以14.8元賣出，在下跌1.5%約14.55元設立停利線，在上漲15.2元設立停損

線，進場20分鐘後即可停利出場。

💲 案例②：橫盤向下放量跌破型態

　　當K線在一段時間內呈現上下狹幅盤整，稱為橫盤整理
（在日K線型態判斷上，通常是指整理超過1個月），此
時因為沒有什麼交易量，所以不會有人關注，自然量能
急速萎縮。

　　不過，隨著整理時間越長，籌碼相對穩定，也越容

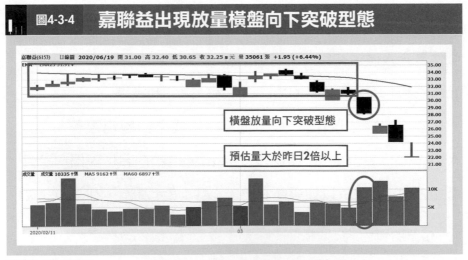

圖4-3-4　嘉聯益出現放量橫盤向下突破型態

資料來源：XQ全球贏家

易吸引主力介入向上做多，但當盤勢不好或受某些基本面、消息面影響，造成股價不但無力上攻，反倒向下跌破橫向整理的低點，此時主力可能認賠出場，引發散戶恐慌性賣盤，形成多殺多，增加股價向下力道。另外，當主力空手看到橫盤向下跌破時，可能會做券空，製造大量下殺假象，吸引散戶低價殺出，等散戶多殺多後再獲利回補，所以此型態短線上屬偏空。

由圖4-3-4可看出，嘉聯益（6153）在2020年3月12日出現10,496張的成交量，股價在橫向盤整超過1個月後，跌破箱形的低點，再看圖4-3-5，在9:30前嘉聯益總量已近2,000張，估算收盤可能超過10,000張，大於昨日量2倍以上，另外，9:30其股價跌幅也達4.5%（超過2%），量、價、型態都符合條件。

再看下頁圖4-3-6，嘉聯益股價由9:30的29.55元，20分鐘後下殺到28.15元，已達1.5%停利線29元，所以在9:55左右觸及停利線即停利出場。

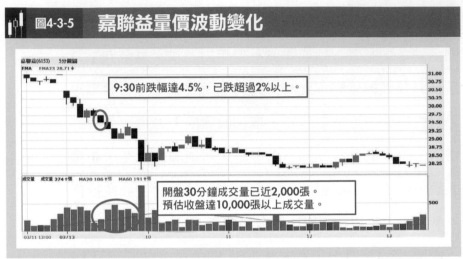

圖4-3-5　**嘉聯益量價波動變化**

9:30前跌幅達4.5%，已跌超過2%以上。

開盤30分鐘成交量已近2,000張。
預估收盤達10,000張以上成交量。

資料來源：XQ 全球贏家

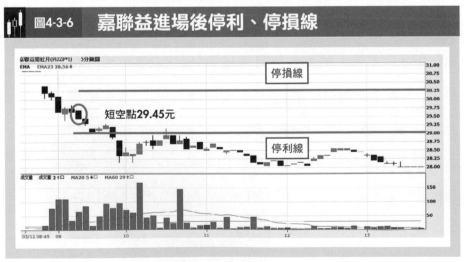

圖4-3-6　**嘉聯益進場後停利、停損線**

停損線

短空點29.45元

停利線

資料來源：XQ 全球贏家

💲 案例③：下穿EMA放量翻空黑K型態

如前一節所述，23日EMA是1個月的平均成本線，當K棒跌落EMA之下，代表目前成交價格在月成本線之下，也就是說，近1個月進場的大多賠錢，所以黑K棒放量下穿EMA視為由多翻空跡象，投資人進場做多意願轉弱，由於先前K線在EMA之上，現在下穿代表有不少籌碼從獲利轉為虧損，這時停損賣壓出現，雖然不如創低型態的賣壓重，但就短線做空者而言，只要爆量向下穿EMA，通常會帶動一些恐慌性賣壓及做空者的介入，使短線股價下跌，因此短沖在1.5%左右停利有很高勝率。

由圖4-3-7可看出，大同（2371）在2020年1月30日出現超過13,873張的成交量，股價向下穿越23日EMA均線，形成放量由多翻空型態，從圖4-3-8可見，在9:30前大同總量已達3,100張，估算收盤可能達15,000張以上的大量，大於昨日量5,300張約3倍，此外，股價跌幅在9:30來到5.7%，形成大量長黑K棒型態，這時量、

價、型態都符合條件，是介入做短空當沖的時機。

　　也許有人問，都跌到5%還有空間嗎？對我而言，只要跌幅不超過6%，我還是會積極介入做空，因為會跌到6%代表下殺力道很強，賣壓沉重，而且距離跌停還有4%左右，足夠1.5%停利空間。

　　由圖4-3-9可以看到，9:30在20.4元進場做空賣出後，5分鐘已達1.5%停利線20.1元，尾盤還到跌停價19.35元，可感受到有時做空賣出停利的速度常比做多還快。

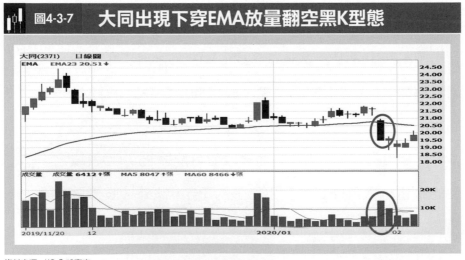

圖4-3-7　**大同出現下穿EMA放量翻空黑K型態**

資料來源：XQ全球贏家

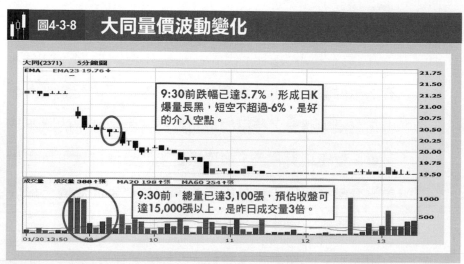

圖4-3-8　大同量價波動變化

9:30前跌幅已達5.7%，形成日K爆量長黑，短空不超過-6%，是好的介入空點。

9:30前，總量已達3,100張，預估收盤可達15,000張以上，是昨日成交量3倍。

資料來源：XQ 全球贏家

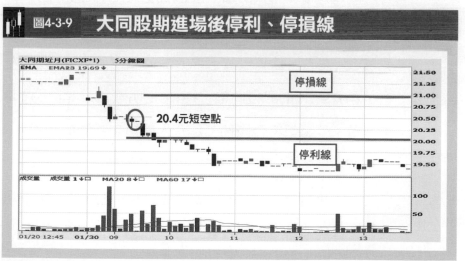

圖4-3-9　大同股期進場後停利、停損線

停損線

20.4元短空點

停利線

資料來源：XQ 全球贏家

$ 案例④：EMA之下放量空頭黑K型態

當K線在EMA之下，代表目前位在空頭型態，投資人看法相對偏空，由於股價在月成本線之下，投資人大都處在虧損的狀態，持續的時間越長，表示套牢的狀況越嚴重，賣壓相對較大，如果當日明顯量增價跌，可能是融資套牢者殺出，或是因某些不利的消息面影響，形成恐慌性賣盤，這時做空會有較高的勝率。

由圖4-3-10可看出，景碩（3189）在2020年3月12日出現超過6,800張的量，股價在23日EMA均線之下，為空頭型態，從圖4-3-11可見，在9:30前景碩總量已達1,200張左右，估算收盤可能大於昨日3,100張達2倍左右，再看9:30的股價跌幅已達4%，明顯放量黑K，這時量、價、型態都符合條件，是介入做短空當沖的時機。

由圖4-3-12可看出，在9:30賣出景碩股期後的半小時，一路來到最低跌停價，有近6%的停利空間，如果能找到這樣的股票，即可在幾分鐘內達到1.5%停利機會。

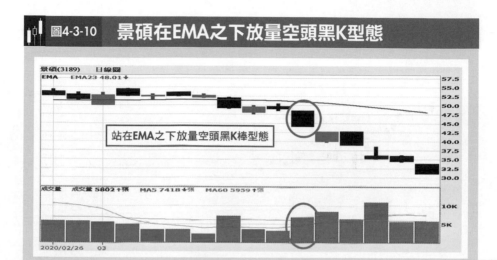

圖4-3-10　景碩在EMA之下放量空頭黑K型態

站在EMA之下放量空頭黑K棒型態

資料來源：XQ 全球贏家

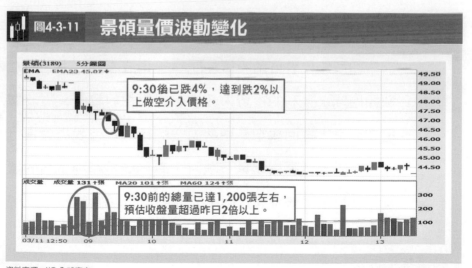

圖4-3-11　景碩量價波動變化

9:30後已跌4%，達到跌2%以上做空介入價格。

9:30前的總量已達1,200張左右，預估收盤量超過昨日2倍以上。

資料來源：XQ 全球贏家

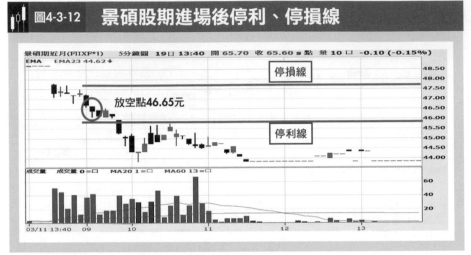

圖4-3-12 景碩股期進場後停利、停損線

資料來源：XQ 全球贏家

💲 案例⑤：放量拉回黑K型態

拉回型態代表目前股價在EMA平均成本線之上，位在多頭區間，獲利的投資人較多，賣壓相對較輕。對於做短空而言，拉回放空是逆勢做空的行為，但我仍會進行操作，因為當高檔爆量下跌時，有可能是獲利了結的賣壓，或股價乖離過大拉回，因此股價拉回逾5%～10%的機率很高，依短沖1.5%即停利的策略仍有極高的勝率，

圖4-3-13 華新科出現放量拉回黑K型態

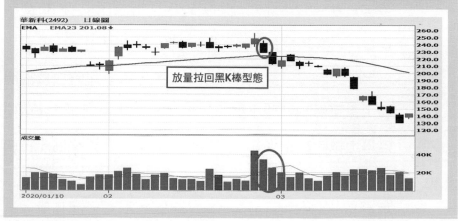

華新科(2492) 日線圖

放量拉回黑K棒型態

資料來源：XQ 全球贏家

尤其是爆量拉回的第1支黑K成功率更高。

　　從圖4-3-13可看出，華新科（2492）在2020年2月26日出現超過33,962張的量，股價站上23日EMA均線，為放量拉回黑K棒型態，不過，相較前一日43,764張的成交量，當日還少1萬張，為何是放量？

　　前面有提到，放量不能只和前一日相比，如果之前平均量能都不及1萬張，當日卻出現3萬張以上的量，就算

前一日爆量4萬張，還是比平時均量多出2倍以上，所以是否放量，我會先和前一天相比，再對比5日均量或季均量，只要其中有一個大於2倍條件就算成立。

另外，台灣投資人都以做多為主，所以漲時放量很明顯，常可看到一些小型股放量10倍以上，因此我會用2倍以上做為放量條件，但做空的放量，只要比前一日或5日均量、季均量增加1.5倍以上即可，因為做空的人相對較少，當日股價若下跌，大多是停利或停損賣單增加，不太會有新券單激增，所以放量倍數相對受限。

從圖4-3-14可見9:30前華新科總量已達7,698張，估算收盤可能達38,000張以上，雖小於前一日，卻比季均量逾2倍以上，再看其9:30股價跌幅已超過2%，這時量、價、型態都符合條件，是介入做短空當沖的時機。

從圖4-3-15可見，華新科股期完全跟著現股波動一路向上，所以在同時間以242.5元進場賣出股期，在11:00過後可達停利線，收盤前股價還曾接近跌停價。

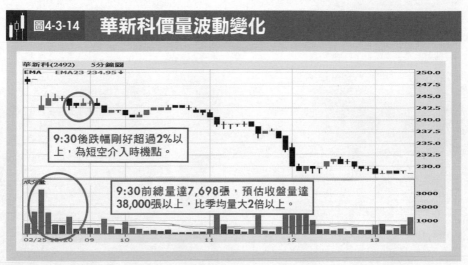

圖4-3-14 **華新科價量波動變化**

9:30後跌幅剛好超過2%以上，為短空介入時機點。

9:30前總量達7,698張，預估收盤量達38,000張以上，比季均量大2倍以上。

資料來源：XQ 全球贏家

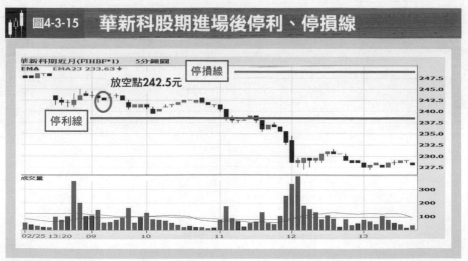

圖4-3-15 **華新科股期進場後停利、停損線**

停損線

放空點242.5元

停利線

資料來源：XQ 全球贏家

第 5 章

上班族的
隔日沖高勝率秘技

5-1 短多隔日沖6實戰案例

5-2 短空隔日沖4實戰案例

5-1

短多隔日沖 6實戰案例

前面談到股期當沖的高勝率交易策略，但對於很多上班族來說，可能無法在盤中當沖選股，所以這章要來談上班族怎麼利用12:30～13:30這段休息時間選股進場，再於隔日開盤前設定停利、停損價出場。透過這樣的方式，在我過去的實單交易中，仍有逾80%的高勝率。

最棒的是，不用管當日盤勢變化，只要能在收盤前做

多選對強勢股，做空選對弱勢股，並運用股期操作的靈活性、交易時間、成本等優勢，就有機會達到高勝率及穩定收益的目標，接下來，我將用案例來說明。

💲 案例①：創高放量紅K型態

前面當沖章節曾談到，創高放量紅K棒的高勝率案例，這樣的型態用在隔日沖一樣有顯著效果，想像今天收盤出現創高放量帶紅K棒的型態（創6個月以來新高），代表近6個月以來，買進這支股票的投資人都處在獲利的狀態，所以沒有賣壓問題，也因為放量創高，隔日追價力道相對較強，較容易達成1.5%的停利目標。

此外，隔日沖的進場時機也較為彈性，即使當日漲停，我也會積極進場，因為漲停代表追價力道強，而且隔日沖是看明日走勢，最大漲幅有10%，而當沖則須預留至少4%的獲利空間，所以只能選擇漲幅6%以內的標的進行操作。

　　由圖5-1-2可看出，聯發科（2454）在2020年6月19出現爆量上漲紅K棒，股價創歷史新高，當日成交量21,657張，明顯比前一日5,371張爆量4倍以上，不過這是13:30收盤時的成交量，如果依據表5-1-1推算，將12:30看到的總量乘以1.3來估算收盤量（如果是12:45則乘上1.25，以此類推就可預估收盤的成交量）。

　　加上聯發科連續2日出現長紅K棒，雖帶上影線，但紅K實體大幅超過上影線，代表追價力道強，符合隔日沖短多條件。從圖5-1-3可以看出，聯發科在6月19日12:30後，最高價在555元，最低價在542元，如果以555元做為買入點，1.5%停利線位置為564元，−2.5%停損線則在541元，收盤時未達停利或停損，但隔日開盤後9:10即穿過停利線，成功停利在564元。

　　從此案例可以看出，越早買入不見得越有利，當然也有可能強勢在12:30後鎖住漲停、買不到，但也有可能買入後，股價回檔穿破停損而出場，所以較積極投資

表5-1-1　當日預估量算法（15分鐘）

時間	量倍數	時間	量倍數
9:15	8	11:30	1.6
9:30	5	11:45	1.5
9:45	4	12:00	1.45
10:00	3	12:15	1.38
10:15	2.5	12:30	1.32
10:30	2.2	12:45	1.25
10:45	2	13:00	1.18
11:00	1.8	13:15	1.11
11:15	1.7	13:30	1

圖5-1-2　聯發科連2日出現爆量創高型態

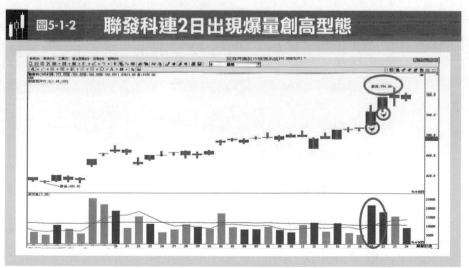

資料來源：奔霆資訊

人，像我就會在12:30開始尋找符合條件的標的進場，如果是比較保守、想規避風險的投資人，則可以等待13:30收盤前再進場，就不會有當日停損的問題，另外，因為股期的收盤時間為13:45，所以就算現貨收盤後再決定都來得及進場，只是要小心5檔的量可能會少很多，較不易取得有利價格。

　　創高型的隔日沖策略，常常會連續數天觸發，從圖5-1-2可以看出，聯發科在6月19日、6月22日，連續2個交易日出現放量創高帶紅K棒的型態，這時量能就不能只比昨日量，因為前一天爆量21,657張，而當天預估量約18,500張，雖然對聯發科而言已是明顯大量，但與昨日相比還是量縮，這時要記得比對前5日或季均量，才能真正看出是否出大量。

　　相較當時季均量約10,000張，可知當日量能大於1.8倍以上（股本超過100億的較大型權值股，我會把放量的標準降低到1.7倍以上），如圖5-1-3所示，聯發科在6

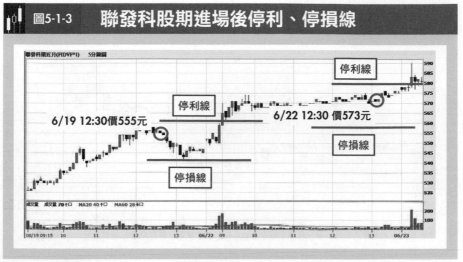

圖5-1-3 聯發科股期進場後停利、停損線

資料來源：XQ 全球贏家

月22日12:30後又出現創高放量帶紅K棒的短多型態，進場後，隔日現貨一開盤後即突破停利線成功停利。

另外，須注意的是，隔日沖進場後的3個交易日，如果沒達到停利，也沒達到停損，則會在第3個交易日收盤前出場（此時可能小賺或小賠），這是為了靈活運用資金，再找尋其他更有機會的標的進場，達到高勝率、高週轉的效果，才能轉化為高收益。

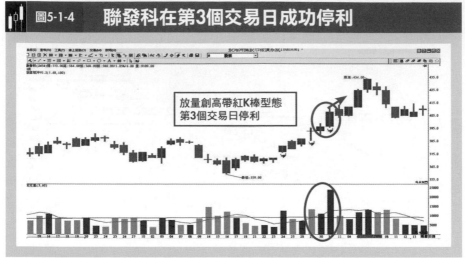

圖5-1-4　聯發科在第3個交易日成功停利

放量創高帶紅K棒型態
第3個交易日停利

資料來源：奔霆資訊

　　以圖5-1-4為例，聯發科在2019年10月31日出現爆量

創高的短多型態，當日成交量24,005張，超過季均量

9,210張2.6倍量能，符合隔日沖短多進場條件，再看圖

5-1-5，當日12:30後最高價在409元，如以409元為進

場點，則停利線為416元，停損線在398元，而後面連

續2個交易日都未達停利或停損線，因此將停利、停損

線延伸至第3個交易日，最後成功停利，所以操作時要

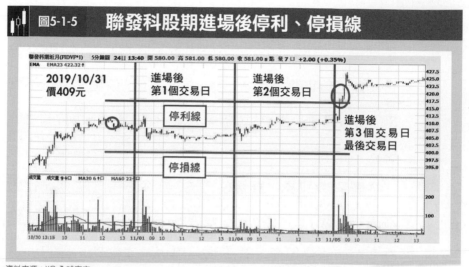

圖5-1-5 聯發科股期進場後停利、停損線

2019/10/31
價409元

進場後
第1個交易日

進場後
第2個交易日

停利線

進場後
第3個交易日
最後交易日

停損線

資料來源：XQ 全球贏家

記得，每天須先設定停利、停損線，或利用智慧單進行
預設，下個章節我會再詳細介紹基本的交易介面。

💲 案例②：橫盤放量向上突破型態

橫盤放量向上突破型態，在前一個章節也曾說明，
經過1個月以上狹幅盤整，當日出現1支帶大量長紅K棒
突破盤整區，即為條件成立，由圖5-1-6可看到，華新

（1605）在2020年5月27日出現58,083張巨量，比起季均量11,959張多出近5倍大量，其實早在前1個交易日華新已明顯爆量至26,934張，對比前2個交易日不到3,000張的量，爆增近9倍，只是K棒並未突破前1個月的橫向盤整。

從圖5-1-7可見，華新在12:30雖然漲幅已達7%，但因為是操作隔日沖，不受漲幅限制，仍可進場，最後股期在13:20漲停鎖死、買不到，這也再次說明，隔日沖在12:30後進場和收盤前才進場各有利弊，以這個案例看來，在12:30的14.15元買入，13:20獲利即達1.5%以上，這時可以選擇直接停利出場換股操作，或是續留為隔日沖。

如為隔日沖，隔日一開盤開出14.8元，多了2.5%獲利，這也說明了為何漲停價我仍會追進的原因，因為強勢鎖漲停且為橫盤放量剛向上突破的型態，追價力道較強，不過要記得，短線交易須嚴格執行停利、停損，此

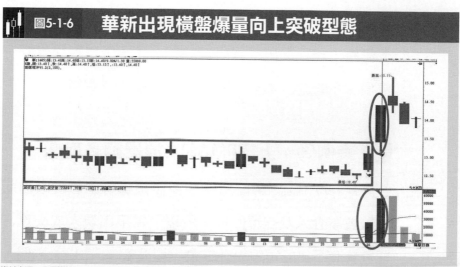

圖5-1-6　華新出現橫盤爆量向上突破型態

資料來源：奔霆資訊

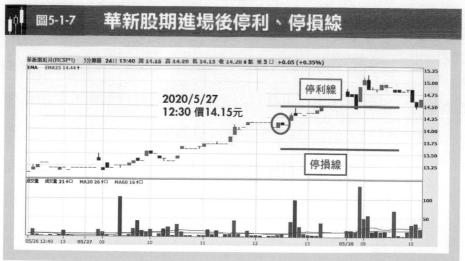

圖5-1-7　華新股期進場後停利、停損線

2020/5/27
12:30 價14.15元

停利線

停損線

資料來源：XQ 全球贏家

案例如沒有停利出場，在5月28日即出現拉高走低黑K長
上影線，隔日又出現黑K棒跌破14元，所以短線停利、
停損，才能造就高勝率。

💲 案例③：上穿EMA紅K放量翻多型態

　　上穿EMA代表K棒剛由空翻多，這樣的型態會吸引新
波段買單介入及空單回補，所以若當下出現大成交量，
通常會有不錯的短線拉升機會，以旺宏（2337）為例，
在2020年4月7日出現1支長紅K上穿EMA，成交量達
114,925張，為前日50,845張成交量的2倍以上，明顯
爆大量，列入隔日沖短多標的。

　　由圖5-1-9可以看到，在4月7日12:30股價已上漲6%來
到28.65元，預估量也達前日的2倍以上，可買入進行隔
日沖交易，但當日13:10即上穿停利線，這時可如前面
華新案例一樣，採停利換股操作，或等待隔日開盤再設
停利價出場。

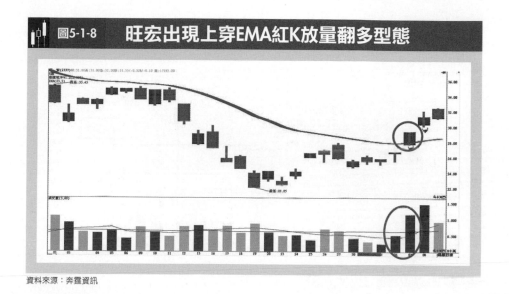

圖5-1-8 **旺宏出現上穿EMA紅K放量翻多型態**

資料來源：奔霆資訊

　　不過像這種尾盤放量拉升攻擊的標的，我比較傾向留待隔日再設停利出場，原因是這種走勢的股票，收盤後可能有利多消息發布。在4月7日收盤後，旺宏發布3月營收增長近4成，Q1營收創新高，以及在任天堂的加持下，看好第2季等新聞，當然我們沒辦法在盤中預知盤後會有什麼消息，但我們能透過量、價明顯的攻擊行為，察覺可能會有的利多訊息，這也是我多年來能將交

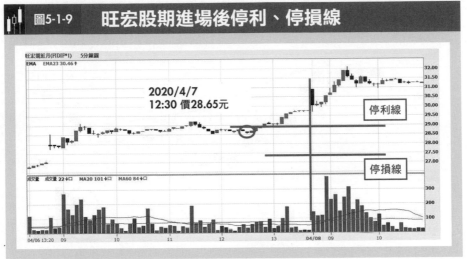

圖5-1-9　旺宏股期進場後停利、停損線

資料來源：XQ全球贏家

易勝率拉高到86% 的重要因素。

　　結果如圖5-1-9所示，隔日一開盤即達30.9元的高點，獲利高達近8%，這也是隔日沖常會有的狀況（跳空開高超過1.5%以上），當然也有可能隔日直接開低，但從比例上來看，開高機率較高，所以如果遇到開低達停損，也須嚴格執行。

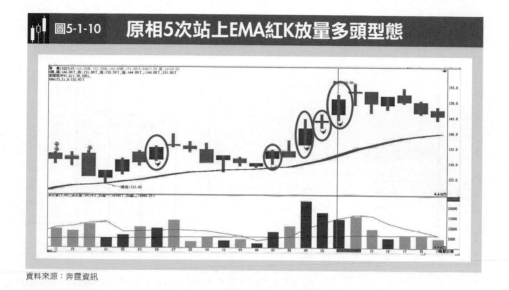

圖5-1-10　原相5次站上EMA紅K放量多頭型態

資料來源：奔霆資訊

💲 案例④：站上EMA紅K放量多頭型態

　　站上23日EMA均線代表K線處在多頭位置，也表示近1
個月買進的投資人都處在賺錢狀態，賣壓相對小、散戶
追價意願較高，以原相（3227）為例，從圖5-1-10可以
看到，原相在2019年11月26日～2019年12月11日，
出現5次站上EMA紅K棒放量多頭型態，圖中紅色牛頭即
代表有出現此短多型態的日K棒位置，而從成交量也可看

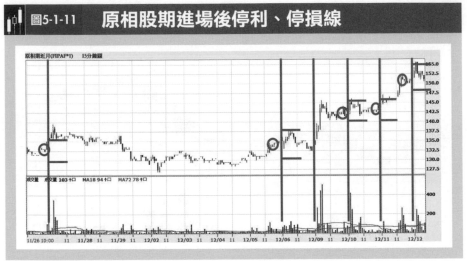

圖5-1-11　原相股期進場後停利、停損線

資料來源：XQ 全球贏家

出，這幾日的成交量都比前日或季均量高過2倍以上，量能推升股價向上，尤其是12月9日、12月10日、12月11日連續3日爆量上漲。

　　從圖5-1-11可以看出，原相股期這幾次的進場點，都是在隔日開盤後即達到停利線以上，成功停利出場，可見有效運用隔日沖策略，可以創造出高勝率。

　　再以晟德（4123）為例，如圖5-1-12所示，晟德在

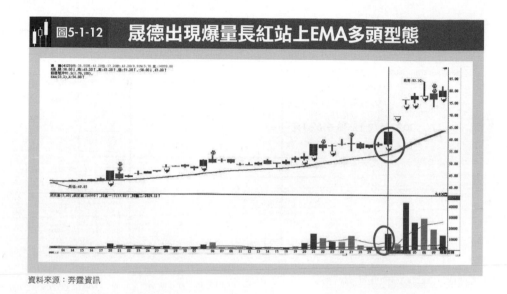

圖5-1-12 晟德出現爆量長紅站上EMA多頭型態

資料來源：奔霆資訊

2020年6月2日12:30左右預估量爆出15,000張以上巨量，當時股價已接近漲停，為長紅K棒站上23日EMA的多頭型態，符合隔日沖短多條件。

　　前面曾談到，股票到尾盤爆量上攻，代表有特定買盤介入，收盤後也許會有好消息，果真在隔日開盤前，經濟日報頭條即發布「晟德投資新藥報捷，授權金衝240億」，我想開盤不漲也難，果真開盤後直接漲停鎖死、

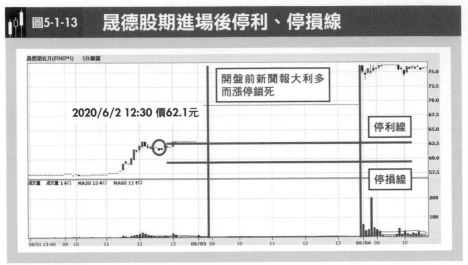

圖5-1-13 晟德股期進場後停利、停損線

晟德期近月(FINIF*I) 5分鐘圖

開盤前新聞報大利多
而漲停鎖死

2020/6/2 12:30 價62.1元

停利線

停損線

成交量 成交量 1 MA20 15 MA60 11

06/01 13:40 09 10 11 12 13 06/03 09 10 11 12 13 06/04 09 10

資料來源：XQ 全球贏家

　　掛滿買單，這也是為什麼透過預估量、價及型態，有時
可以找到短線飆股的原因。

　　再看圖5-1-13，在2020年6月2日12:30，以62.1元
買入晟德股期，隔日股期一開盤直接拉漲停，這時要記
得，當有利多消息時，最好不要先預掛停利單，否則就
會被漲停排隊的某位幸運兒買走。

　　如前述，先不掛停利單，若開盤出現漲停鎖死，就有

可能延續到下一個交易日，從圖5-1-13所示，第2個交易日又是漲停開出，但沒有鎖死，這時就可以停利出場，這筆隔日沖賺到2支漲停板，加上槓桿7.5倍，等同2天賺了150%以上收益，這就是股期吸引人的地方。

💲 案例⑤：反彈放量紅K型態

反彈為空頭型態的彈升，常有再度走跌的可能，但如果只做短線交易，像是乖離的彈升，在跌深後常有機會出現5%～10%的彈升，當然還是要看大量有沒有出現，若有大量彈升，代表散戶搶進意願高，或主力強做解套，就短多只求1.5%以上停利，還是有極高的勝率。

以長榮航（2618）為例，2020年3月24日出現反彈放量紅K棒型態，當時正是新冠狀疫情最嚴重的時期，其股價在1週內一路由12元爆跌到最低的7.56元，但當日爆出大量40,472張，比季均量16,654張多2倍以上，盤中也強力拉升到漲停，明顯為反彈放量長紅K棒型態。

　　再看圖5-1-15，長榮航股期在10:00左右即鎖漲停，但並未完全鎖死，於是在13:15打開漲停時買進介入，隔日股期開盤後即一路噴出，8:55觸及漲停價，這時即可先停利出場，這就是運用股期早於現貨開盤的優勢、取得停利出場的先機。

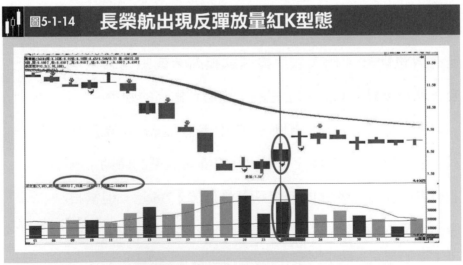

圖5-1-14　長榮航出現反彈放量紅K型態

資料來源：奔霆資訊

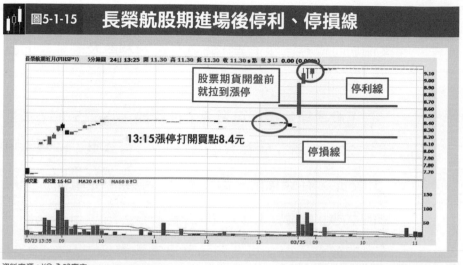

圖5-1-15 長榮航股期進場後停利、停損線

股票期貨開盤前就拉到漲停

停利線

13:15漲停打開買點8.4元

停損線

資料來源：XQ 全球贏家

案例⑥：除權息隔日沖案例

每年6～9月是台股除權息旺季，前面第2章已談過股期在除權息這段時間的交易優勢，在此就不贅述，以介紹高勝率操作策略為主。

在現股的操作上，除權息會有稅金（如果超過免稅額）、股息或股票約晚1個月入帳，以及零股買賣等問

題，雖然可放棄參與除權息，待之後再買回，但投資人又怕屆時價格已漲上去，尤其是高殖利率及高配息的股票更是如此。

有了股票期貨後就可避免上述問題，以圖5-1-16國巨（2327）為例，它在2020年6月22日除息，配息高達13.06元，在除息前一個交易日出現開高走低，放棄除息的狀態，但以13.06元的息值來看，除息日達成部分填息的機會不小，可看到除息日當天價格一直在391.5元成本價之上，最高還到402元，等同達8成填息，待隔日漲過404.5元即完全填息。

再看圖5-1-17，在股票除息前一天，於現貨收盤後以406元買入國巨股期，這價格雖比現貨404.5元高，但這時間進場可避免太早買入，當日現股再跌價的風險，隔日除息後的成本在393元，這時只要價格在393元以上都可成功停利，從圖中可看到，除息後價格明顯高於393元，所以此短線交易是成功出場。

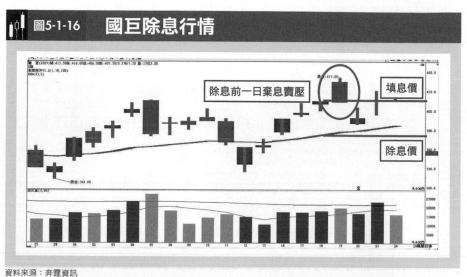

圖5-1-16　國巨除息行情

除息前一日棄息賣壓

填息價

除息價

資料來源：奔霆資訊

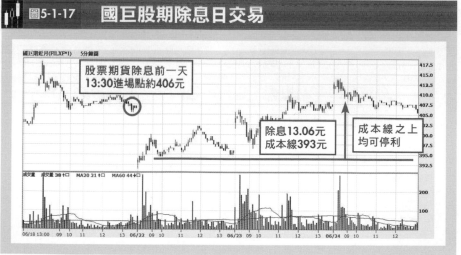

圖5-1-17　國巨股期除息日交易

股票期貨除息前一天
13:30進場點約406元

除息13.06元
成本線393元

成本線之上
均可停利

資料來源：XQ 全球贏家

　　我用實際交易帳戶來說明會更清楚，由圖5-1-18可以看到，我在2020年6月19日以409.5元買入1口國巨，因為提早買入，隔日成本提高到396.4383元（409.5－13.0617＝396.4383），除息當日掛398.5停利，於9:20停利出場，收益為4,123元。

股期出場盈虧＝（賣價398.5元－買價409.5）×2,000股＝－22,000元

除息入帳金額＝13.0617元×2,000股＝26,123元

交易收益＝－22,000元＋26,123元＝4,123元

註：因為股票期貨為衍生性商品，所以除息當日會直接把息值換算現金入帳。

　　在除息前一日買入股期做隔日沖，在除息日當天有部分填息即停利出場，也是一種高勝率的短線交易策略。

圖5-1-18 國巨除息隔日沖交易對帳單

部位查詢 | 選擇權部位 | 未平倉損益 | 平倉損益 | 多空明細 | 抵繳明細 | 選擇權淨部位

全部 | 期貨 | 選擇權 | 無效履約

帳號 2020/06/19 ~ 2020/06/22 查詢期間 限近三個月 商品 排序

項次	交易日期	商品名稱	年月	履約價格	C/P	結算價	買口數	賣口數	成交價格	利息收支	損益
1	2020/06/19	LXF 國巨期貨	202007			0	1		409.5		4,123
	2020/06/22	LXF 國巨期貨	202007			0		1	398.5		
		台幣小計					1	1			4,123

資料來源：凱基期貨大三元

5-2

短空隔日沖
4實戰案例

前面當沖章節曾談到，創低放量黑k棒的高勝率案例，由於台股做空受限較多，現股當沖做空可運用無券賣出、先賣後買，但是隔日沖往往受限於券源不足、停券或像這次受新冠肺炎疫情影響，政府限制平盤以下放空措施達3個月，使得明明知道明天可能大跌，但沒券可空，在這樣的環境下，股期就顯得相對重要和有利。

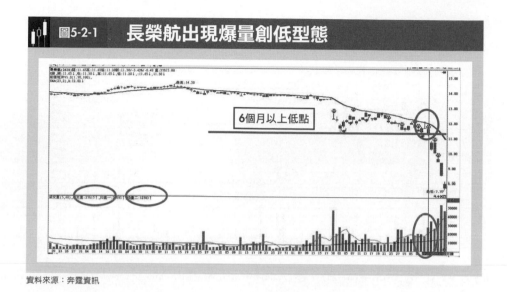

圖5-2-1 長榮航出現爆量創低型態

6個月以上低點

資料來源：弈霆資訊

💲 案例①：創低放量黑K型態

由圖5-2-1可看出，長榮航（2618）在2020年3月12
日出現爆量創低黑K棒型態，股價創6個月以來的新低，
當日12:30預估量接近28,000張，明顯比季均量12,383
張爆量2倍以上，符合短空隔日沖條件，以圖5-2-2所
示，如果當日12:30以11.3元賣出，隔日一開盤即爆

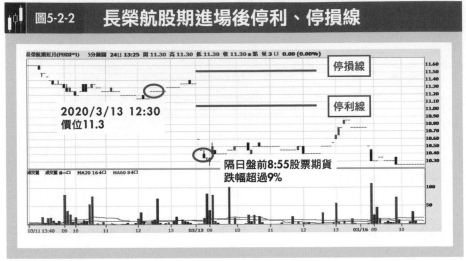

圖5-2-2　**長榮航股期進場後停利、停損線**

停損線

停利線

2020/3/13 12:30
價位11.3

隔日盤前8:55股票期貨
跌幅超過9%

資料來源：XQ 全球贏家

跌重挫9%以上，在開盤前收益近9%，而非只有1.5%收

益，這也是利用股期隔日沖做空的優勢所在。

　　再看圖5-2-3，做空10口長榮航股期，只用了30,510

元的保證金，但隔日一開盤出場賺了19,000元，收益率

達62.2%，這也是運用股期槓桿吸引人的地方。

圖5-2-3 長榮航股期隔日沖交易對帳單

帳務(可從報價區用滑鼠左鍵拖曳價格到下方下單區，商品會自動帶出)

楊雲翔 設定 輸入股票代號 單位(一股) 價格 現股

楊雲翔 股票交易 現

期貨未平倉 | 期貨未平倉DDE | 期貨權益 | 期貨出金申請

委回 | 成回 | 進階回報 | 集保庫存與資券明細 | 證券即時庫存 | 即時對帳單 | 證券即時損益試算 | 對帳單 | 證券網

期貨 楊雲翔 開始日 2020/ 3/13 結束日 2020/ 3/13 商品代號 FIH

沖銷日期	帳..	商品	名稱	到期年月	成交日	買賣	成交價	成交量	損益
20200313	F...	FIHSF	長榮航03	202003	20200312	賣出	11.3	5	0
20200313	F...	FIHSF	長榮航03	202003	20200312	賣出	11.3	5	0
20200313	F...	FIHSF	長榮航03	202003	20200313	買進	10.35	10	19,000
期貨總計								20	19,000
選擇權總計								0	0
總　計								20	19,000

資料來源：群益策略王

保證金＝11.3×20,000股（10口，1口2,000股）×13.5%（槓桿）

＝30,510元

盈虧＝（賣出11.3元－買入10.35元）X20,000股＝19,000元

收益率＝盈虧÷保證金＝62.2%

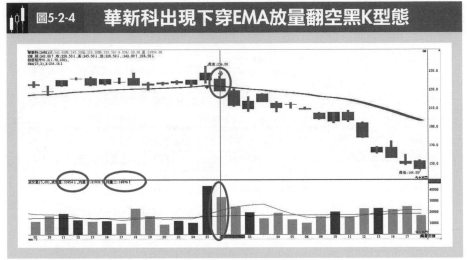

圖5-2-4　華新科出現下穿EMA放量翻空黑K型態

資料來源：奔霆資訊

💲 案例②：下穿EMA放量翻空黑K型態

由圖5-2-4可看出，華新（2492）在2020年2月26日出現下穿EMA放量黑K棒型態，前一個交易則是出現爆大量站上EMA的短多型態，這也再次說明短沖交易的優勢，就是透過量、價、型態，快速多空轉向。雖然前一天才出現短多型態，但今日達2.5%停損後可直接轉向短

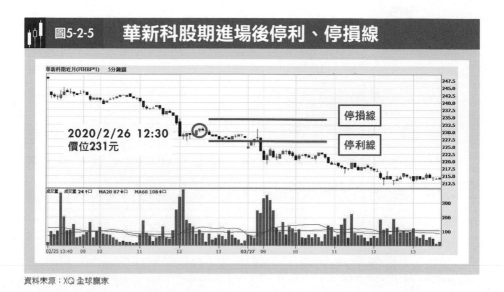

圖5-2-5　華新科股期進場後停利、停損線

2020/2/26 12:30
價位231元

停損線

停利線

資料來源：XQ全球贏家

　　空，而從圖中也可以看出下穿EMA轉短空後，不到1個月的時間，一路從最高的256.5元跌到130.5元，跌幅達50%，可見停利停損機制的重要性。

　　華新2月26日12:30預估量接近34,000張，明顯比季均量16,976張爆量2倍以上，符合短空隔日沖條件，再看圖5-2-5，如果同時間以231元賣出股期，隔日一開盤跳空開出224.5元，收益近3%。

💲 案例③：在EMA下放量空頭黑K型態

當K線在EMA之下，代表目前處在空頭型態，投資人看法較為偏空或看壞未來市場，如果剛好大盤又處在空方市場，通常比較容易形成多殺多的下跌趨勢，像2020年3月新冠肺炎疫情爆發，帶動全球股市大跌，很多股票都在EMA之下的空頭型態，也引發投資人連環賣，這時如果能進行隔日沖放空策略，將有不錯的做空收益。

由圖5-2-6可看出，環球晶（6488）在2020年3月9日接近12:30後出現近9,000張的預估量，較昨日放量約2倍，形成在EMA之下的黑K棒空頭型態，符合隔日沖做空的條件，環球晶的股票期貨分為環球晶股期及小環球晶股期，一般1口為2,000股，而小環球晶1口只有100股，如果環球晶股價400元，買2張須有80萬元，但小環球晶1口合約100股只要約4萬元，所以資金較少或想要利用多口數調節持股的投資人，就可以操作小環球晶，如圖5-2-7所示，在2020年3月9日12:30以382.5元

圖5-2-6　環球晶出現放量在EMA之下的空頭黑K型態

站在EMA之下放量
空頭黑K棒型態

資料來源：奔霆資訊

圖5-2-7　小環球晶股期進場後停利、停損線

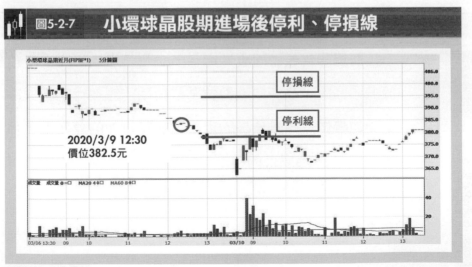

停損線

停利線

2020/3/9 12:30
價位382.5元

資料來源：XQ 全球贏家

賣出小環球晶股期，當天即達1.5%以上停利空間。

如果留為隔日沖，因為台指期一開盤下跌120點，讓很多股票在試撮合的時後價格走低，而小環球晶以362元低價開出，比前一日空點低了近20元，如股期一開盤即停利則可大賺5%以上，而現貨在9:00以366元開出後，不到10分鐘即漲回昨收價，從這個案例也可看出股期在交易時間上的優勢，有時可以為投資人創造出不錯的效益。

💲 案例④：放量拉回黑K型態

拉回型態代表目前股價處在EMA平均成本線之上，位於多頭區間，在多頭趨勢做乖離拉回的短空行為，與在空頭趨勢做反彈是一樣的意思，在隔日沖的運作上，目標是賺取1.5%以上的極短線價差，因為放量黑K拉回，通常隔日還會有低點，所以仍有很高的勝率。

由圖5-2-8可看出，晶電（2448）在2020年4月28日

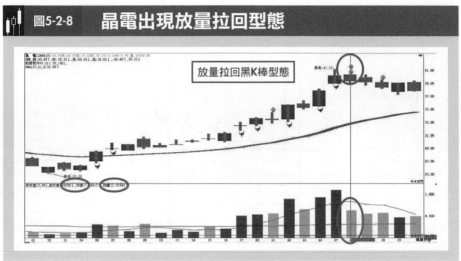

圖5-2-8　晶電出現放量拉回型態

資料來源：奔霆資訊

12:30左右爆出超過64,000張的預估量，明顯大於季均量2倍以上，因為前面幾天是爆量拉升，前一天更是爆出10萬張以上巨量，所以量和前一天比沒什麼意義，但相較季均量是明顯爆量，再看價，當日出現黑K棒下跌2%以上，符合隔日沖短空條件。

如圖5-2-9所示，在4月28日12:30以39.15元賣出晶電股期，隔日並未達停利或停損線，直到4月30日接近

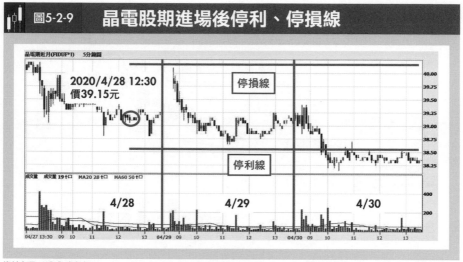

圖5-2-9 晶電股期進場後停利、停損線

停損線

停利線

2020/4/28 12:30 價39.15元

4/28 4/29 4/30

資料來源：XQ 全球贏家

　　10:00才達到停利線出場，這和前述第2日未達停利或停損案例一樣，如果經過3個交易日未達停利、停損，我就會在最後一個交易日收盤前出場。

筆記本

第 6 章

智能下單全攻略

6-1 認識股期交易3步驟

6-2 用閃電下單搶占先機

6-3 行動交易利器 App下單軟體

6-4 AI幫你盯盤 自動停損停利

6-1

認識股期
交易3步驟

在了解股期基本交易知識，認識各種多空短沖高勝率實戰案例之後，接下來將介紹股票期貨的下單3步驟。

💲 步驟①：入金

入金是股票期貨交易的第1個步驟，不同於股票T＋2的交割制度，股期帳戶內必須先有足夠的保證金，才能

圖6-1-1 期貨帳戶權益畫面

前日餘額	1,176,983.00	昨日未平倉損益	-8,900.00
存提	0.00	未沖銷期貨浮動損益	2,500.00
手續費	0.00	到期期約損益	0.00
期交稅	0.00	到期結算保證金	0.00
權利金收入	0.00	委託保證金	0.00
權利金支出	0.00	委託權利金	0.00
本日期貨平倉損益淨額	0.00	有價證券價值	0.00
本日餘額	1,176,983.00	委託抵繳保證金	0.00
有價證券抵繳總額	0.00	剩餘可抵繳金額	0.00
未平倉損益	-6,400.00	可動用(出金)保證金	1,114,094.00
權益數	1,170,583.00	可動用(不含CNS超額)	1,114,094.00
原始保證金	53,989.00	未沖銷選擇權市值	0.00
維持保證金	41,388.00	權益總值	1,170,583.00
超額/追繳保證金	1,116,594.00	風險指標	2,168.18
足額原始保證金	53,989.00	未沖銷買方選擇權市值	0.00
足額維持保證金	41,388.00	未沖銷賣方選擇權市值	0.00
當沖繳補保證金	0.00	其他保證金	0.00
賣方重置價差市值	0.00	當沖原始保證金	0.00
		多空加收保證金	0.00

資料來源：凱基超級大三元

委託買進或賣出新倉，所以開戶後要先存錢到期貨保證
金專戶，至於怎麼入金、怎麼出金，在什麼時間點可以
入金及出金，只要詢問營業員即可得到答案，在此就不
贅述，入金後可透過交易系統查詢可動用的保證金。

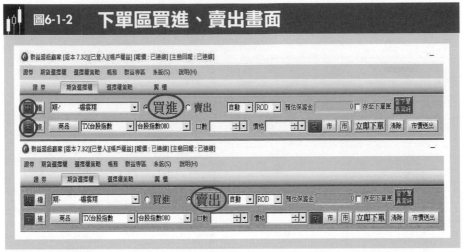

圖6-1-2　下單區買進、賣出畫面

資料來源：群益超級贏家

💲 步驟②：買入、賣出股票期貨

帳戶內有足夠可動用的保證金，就可以開始掛單委託買進或賣出股期，從圖6-1-2可見，傳統的下單區要先選擇期貨、單式，再點選買進或賣出。

在圖6-1-3可以看到2個下拉選單，第1個是新／平倉選項，第2個是下單委託方式，如果選擇「新倉」，在買進1筆新倉成交後，又下1筆賣出新倉的單子，會同時存

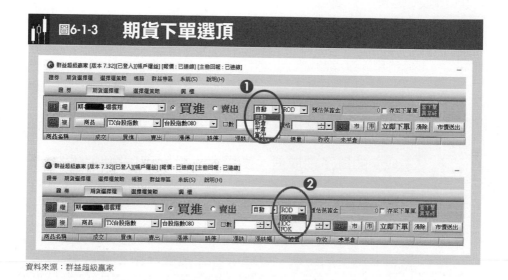

圖6-1-3　　期貨下單選項

資料來源：群益超級贏家

在新倉買單和新倉賣單2筆庫存，不會平倉沖銷，所以通常我會在新／平倉選項，選擇「自動」，一旦有買單庫存，下出賣單會先平倉原有的買進倉位；反之，當有賣單庫存，下出買單會先平倉原有的賣出倉位。

至於期貨下單方式，可分為ROD、IOC、FOK等3種：

ROD（Rest of Day）：指「當日委託有效單」，投資人送出委託後，只要不刪單，直到當日收盤前，此張單子

都有效。當投資人使用限價單掛出時，系統會自動設定為「ROD」委託。

IOC（Immediate-or-Cancel）：指「立即成交否則取消」，投資人送出委託單後，允許部分單子成交，其他未成交的單子則取消。當投資人掛出市價單時，系統會自動設定為「IOC」。

FOK（Fill-or-Kill）：指「立即全部成交否則取消」，當投資人掛單的當下，只要沒有全部成交則全部取消。

下單時系統通常會自動設定為ROD模式，進行股期交易時，要盡量避免掛市價單，因為小型股期的5檔委託掛單量較小，使用市價單風險較大。

💲 步驟③：選擇股票期貨商品

如圖6-1-4所示，❶點選「商品」，下拉畫面右側的選單，找到下單標的；❷點選商品月份，將商品帶入下單匣中，但因為股期有近200個商品，有時可能要點擊很

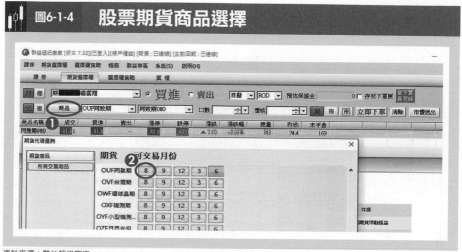

圖6-1-4 股票期貨商品選擇

資料來源：群益超級贏家

多頁才能找到標的，會非常耗時。

　　這時可用圖6-1-5的選取方式會較為快速，❶點選「商品」；❷點擊「我的庫存」出現代碼／名稱查詢列；❸輸入股期的股票標的代碼或名稱；❹點擊「查詢」，出現該股期所有月份商品，點選所要交易的月份，即可將商品帶入下單匣。最後，輸入買賣口數及價格，即可送出交易單（當委託方式為ROD時）。

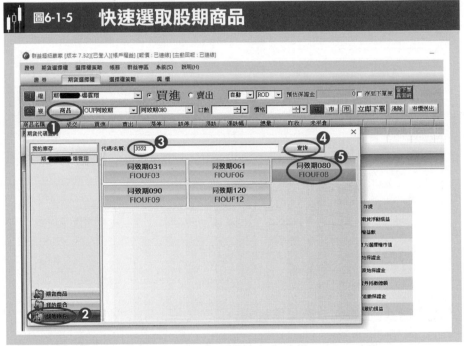

圖6-1-5　**快速選取股期商品**

資料來源：群益超級贏家

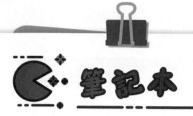

筆記本

6-2

用閃電下單
搶占先機

短線交易、尤其是在分秒必爭的極短線當沖交易中，可快速取得5檔價量資訊、送出委託單，或迅速刪單改價的「智慧型閃電下單」就顯得十分重要。不僅如此，對於無法盯盤的上班族或想強化執行力者，也可利用其觸價掛單方式，自動停利、停損，接下來將說明如何使用智慧型閃電下單。

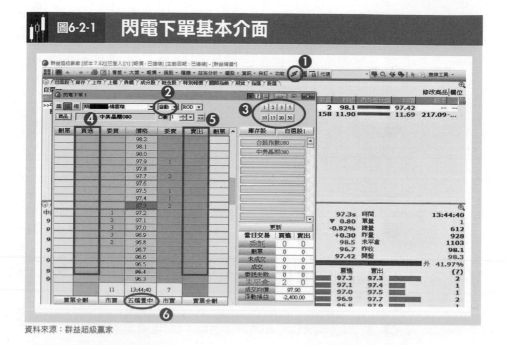

圖6-2-1 閃電下單基本介面

資料來源：群益超級贏家

💲 閃電下單基本介面

閃電下單顧名思義就是下單快如閃電，取得交易先機。閃電下單通常會配合完整的5檔價量介面及快速點擊功能，讓交易者能迅速送出委託單，如圖6-2-1所示。

❶ 點選閃電圖示進入下單畫面，要注意的是，每家期

貨商系統不同，如找不到相關介面可詢問營業員，進入閃電下單畫面之後，先確認帳號列是否為要下單的帳號（期貨可以有多個帳號）。

❷ 將新／平倉欄位設為自動（若有庫存倉位，委託反向單會視為平倉），如設為新倉，則買進及賣出的單子不會自行沖銷。

❸ 是交易口數的快速鍵，如點選5，系統將把5口設為基本交易單位，而預設的數字可調整（後面將說明如何調整）。

❹ 是委託買單區，通常為紅色，用滑鼠雙擊想買入的價格，就可將預設的基本口數帶入。

❺ 是委託賣單區域，通常會使用藍色或綠色，一樣是點擊想要賣出的價格，就可以將預設的基本口數帶入。

❻ 點選「5檔置中」鈕，最新成交價會置於「價格」欄位正中間，中間價格的左下角為委買的5檔價量區，右上角為委賣的5檔價量區。

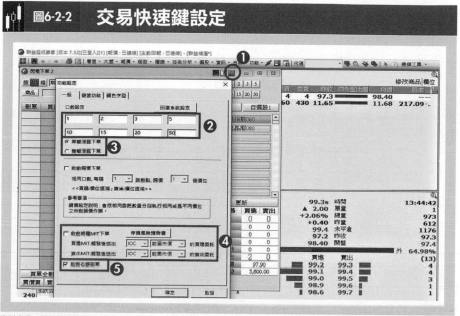

圖6-2-2 交易快速鍵設定

資料來源：群益超級贏家

💲 交易快速鍵設定

❶點擊圈起處進入設定畫面，❷設定10組常下的預設

口數，❸選取「單擊滑鼠下單」，加快下單委託速度，

❹啟動觸價後下單功能，預設進場價格，當達到預設價

時，系統會送出市價單，可選擇市價或範圍市價（交易

方式可選擇IOC或FOK）。

在股票交易上，選擇市價問題不大，但股期要看商品的活躍度，較活躍的大型標的5檔價量掛單連續且掛單量多，不怕滑價，但中小型股的掛單不連續且掛單量較小，用市價單有可能滑價，所以交易股期，除非系統有提供智慧單可設定觸價掛出限價單及設定讓點，否則我通常不用市價掛單。

另外，部分系統還可設定二擇一的停利及停損單，可以幫助上班族或不方便盯盤者，同時設定停利、停損單，當有一個先達成，另一個掛單即取消，這樣就能讓系統自動顧單，❺啓動右鍵刪單後，即可用左鍵下單、右鍵刪單，快速進行交易。

💲 委託下單方式

了解閃電下單介面及快速鍵設定後，現在就用實際案例說明其用法，由圖6-2-3可以看到，❶點選閃電標示進

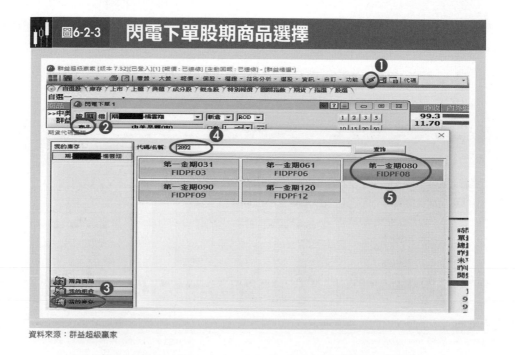

圖6-2-3　閃電下單股期商品選擇

資料來源：群益超級贏家

入下單畫面，選擇股期商品，❷點擊「商品」出現期貨
代碼查詢，❸點擊「我的庫存」出現代碼／名稱查詢畫
面，❹輸入股號，例如2892（第一金股票代號）按查詢
鍵會出現第一金股期所有月份期貨商品，❺點選所需的
商品月份，將該月份股期帶入下單畫面。

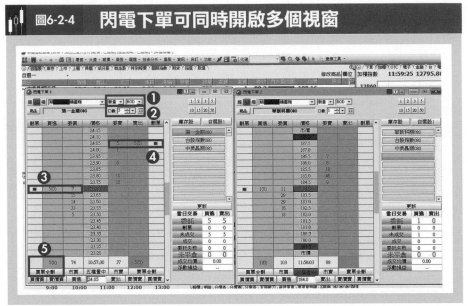

圖6-2-4 **閃電下單可同時開啟多個視窗**

資料來源：群益超級贏家

　　下單前，如圖6-2-4所示，❶設定新／平倉欄位，選擇新倉時，同一個股期商品，新倉買進和新倉賣出的倉位可以同時存在，不會互相沖銷，如果要自動沖銷，則此欄位要選擇「自動」，並設定ROD當日限價委託，交易較安全。

　　❷輸入委託口數，這個欄位很重要，之前我常以5口

交易20元左右的商品，後來切換到200元商品時，忘了重新設定，這時系統一樣送出5口單，如果用較高委賣價買入就會直接成交，所以每次切換商品及下單前，要先確認委託口數。另外，為加快速度，閃電下單介面右上角有10個預設口數按鈕，讀者可依自己的交易習慣設定，設定後只要點擊口數就會自動帶入交易欄位中。

❸快速委託下單，當我要在23.7元買進5口股期，只須在23.7元買進欄位，單擊滑鼠左鍵（系統原始預設為點擊2下，讀者可依據前述「交易快速鍵設定」內容改為單擊，加快下單速度），將預設的5口委託口數帶入買進欄位，這時買進欄位會出現5（0），5代表委託口數，（0）代表目前成交0口，如果全數成交則不會顯示數字。

接著看到刪單欄位有個「刪」字，代表目前委託未成交口數可以刪單，可在此欄位單擊滑鼠左鍵，或在買進欄位委託口數位置單擊滑鼠右鍵刪單，賣出委託則是

在❹委賣區域進行，委託方式同委買下單。

　　閃電下單的委託掛單，有時會在不同價位分別掛出委託口數，如果要緊急刪單用滑鼠一筆一筆點擊還是太慢，這時在左下角❺「買單全刪」單擊滑鼠左鍵，所有未成交的委買單就會全數刪除，要刪除所有未成交委賣單，則在右下角「賣單全刪」單擊滑鼠左鍵即可。

　　閃電下單另一個優點就是可以同時開啟多個下單視窗，如圖6-2-4所示，除此之外也可以同時顯示股票期貨及該標的股票，增加操作靈活性及多商品下單速度。

筆記本

6-3

行動交易利器
App下單軟體

很多交易者因為在外、不方便盯盤等原因,大多會使用手機下單App進行交易,下面將介紹如何使用手機版交易軟體。

💲 手機下單軟體讓交易更便利

應用程式商店中有許多免費下單軟體可供下載,如圖6-3-1「掌中財神全球通」App,即可交易股票及期貨,

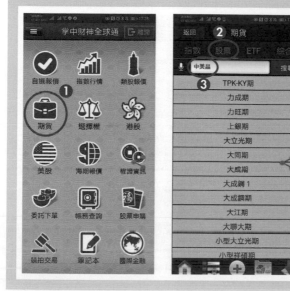

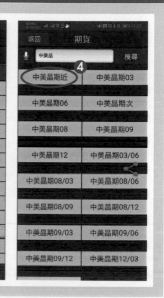

圖6-3-1　掌中財神全球通股期交易介面（一）

資料來源：群益掌中財神全球通

只要輸入期貨商的帳號及密碼，載入憑證即可使用。

下單的時候，依序點擊❶「期貨」，❷「股票」，❸
在搜尋列中輸入股票期貨商品的股票標的名稱，例如中
美晶，按下搜尋即會出現中美晶股期所有月份商品。

如要交易中美晶期近月商品，點擊「中美晶期近」

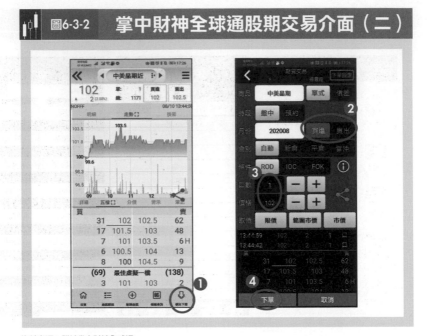

圖6-3-2 掌中財神全球通股期交易介面（二）

資料來源：群益掌中財神全球通

會出現即時走勢圖及5檔價量資訊，如圖6-3-2所示，若要下單則點擊❶「委託下單」，確認下單帳號、商品及月份無誤，❷點選買或賣，倉位標準預設是自動及ROD委託，❸選好下單口數及價格，❹點擊「下單」送出委託單。

🅢 手機版閃電下單介面

手機閃電下單介面，也是為了讓交易者可以迅速下單，或直接刪單改掛，快速達成交易，下面將用「群益行動贏家」App，說明其用法。

❶點擊圖6-3-3中的「超光速」，❷選擇「商品」，❸點擊放大鏡搜尋，❹選擇期貨，❺輸入股票名稱，比如中美，則會自動帶出相關的股期商品，❻點擊進入該商品的閃電下單畫面。

如圖6-3-4所示，進入下單畫面後，如果要在103.5元買進1口期貨，則點擊103.5元的左側位置❶，會出現紅色下單確認畫面，並自動帶入買進及點擊的價位，口數預設1口，可自行更改，按下確定鈕即下單成功；如要在107元委託賣出1口，則點擊107元右側位置❷，會出現綠色下單確認畫面，並自動帶入賣出及點擊的價位，按下確定鈕即下單成功。

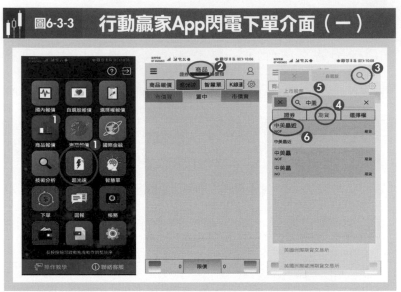

資料來源：群益行動贏家

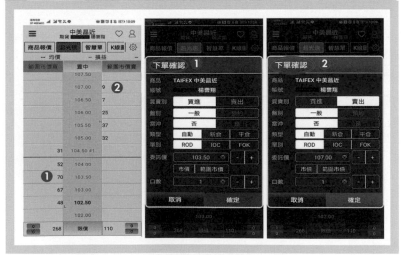

資料來源：群益行動贏家

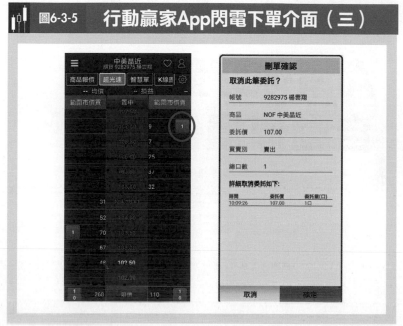

圖6-3-5　行動贏家App閃電下單介面（三）

資料來源：群益行動贏家

下單成功後，會出現圖6-3-5畫面，價位左側以紅色方框顯示委買口數，價位右側以綠色方框說明委賣口數，這時如果要刪單，例如要刪除107元1口委賣單，則點擊紫色框線中的綠色方框，即會出現刪單對話框，按下確定鈕即可完成刪單。

6-4

AI幫你盯盤
自動停損停利

嚴格執行停利、停損，是維持穩定績效的重要關鍵，在我近10年的教學過程中，發現很多學員還是克服不了人性，往往因未設停損、停利產生虧損，導致對交易沒有信心，甚至與原策略反其道而行，所以我在教學一開始一定不忘提醒學員們，沒辦法克服這關，再好的交易策略也是無用。

所以，這章節我將引導讀者們，怎麼利用電腦系統輔

助你自動進行停利、停損，當然並非每個人都需要系統的協助，像我自己因為是專職操盤人，每天都是盯著螢幕視窗，嚴格執行自己設定的停利、停損策略，對我而言，這已是一種習慣，但對於無法盯盤或上班族而言，自動輔助系統，就顯得十分重要。

$ 二擇一停利、停損智慧單

圖6-4-1是「超級大三元」的停利、停損二擇一選單畫面，❶選取「智慧下單」選項中「期權二擇一下單」，❷點擊圖示出現期貨商品，❸依股票代碼快速搜尋股期商品及月份，❹選擇商品月份，按確認鍵進入二擇一智慧下單畫面。

接下來說明如何利用二擇一下單設定停利、停損條件。以圖6-4-2所示，假設原本在100元買進中美晶股期，❶輸入觸發停利價格，例如102元，當商品現價符合＞＝102元時，系統就會自動送出預設的下單條件，

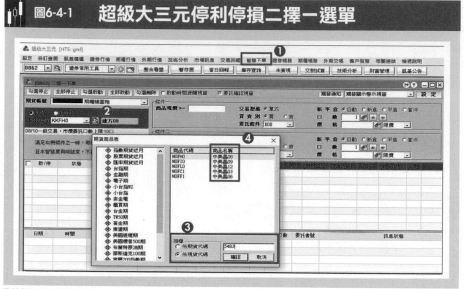

圖6-4-1　**超級大三元停利停損二擇一選單**

資料來源：凱基超級大三元

❷設定買進（或是賣出）及委託條件，當原有部位為買單，則停利單即設定賣出，而委託條件原始設定為限價單ROD，❸將新平倉欄位設為自動，如有原庫存會自動定義為平倉單，最後輸入下單口數及限價，這個價格和觸發價不用相同，例如此案例觸發價為＞＝102元，可以輸入101.5元，較能立即成交不用排隊。

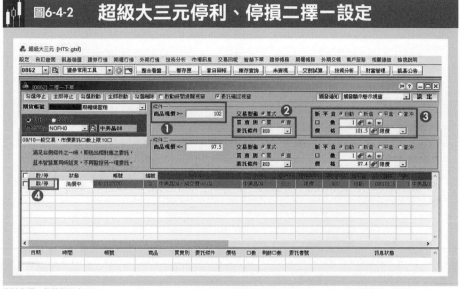

圖6-4-2　超級大三元停利、停損二擇一設定

資料來源：凱基超級大三元

　　完成條件1停利價設定後，可於條件2設定停損價，當
商品現價＜＝97.5元時，一樣會觸發下單設定，而後面
的限價就可設定在97.5元以下，如97.4元較能立即成
交。當停利、停損條件都設定後按下設定鍵，將二擇一
單送到洗價列，❹最後按啟動等待觸發，只要其中一個
條件觸發，另一個條件就會刪除。

圖6-4-3　二擇一停利停損單可同時設定多組商品

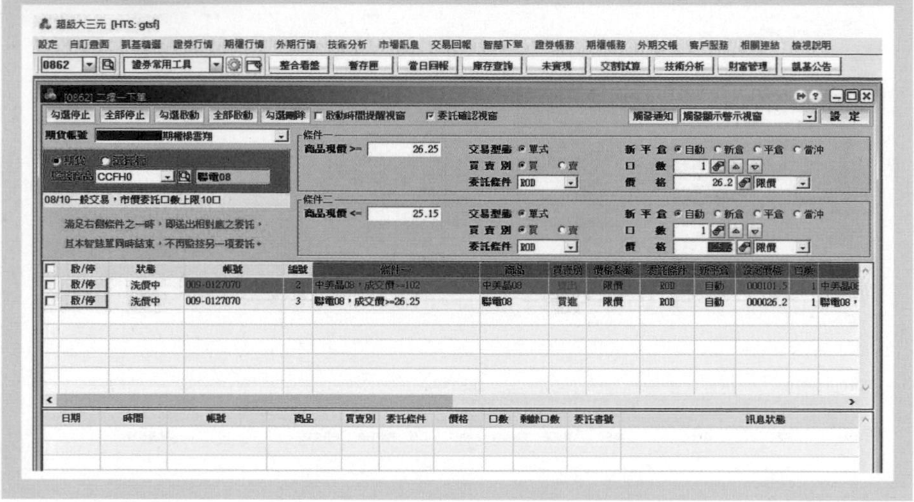

資料來源：凱基超級大三元

再看圖6-4-3，二擇一的下單可以多商品同時洗價，所以當有2個以上的商品須設定行自動停利、停損，只要完成條件設定放進洗價區即可，不過，最好要自行檢查買賣、口數及價位，再交由系統盯盤觸發。

圖6-4-4是「策略王」智慧下單介面，只要點擊「鷹眼智慧單」，就會出現二擇一單畫面，操作和上述差不

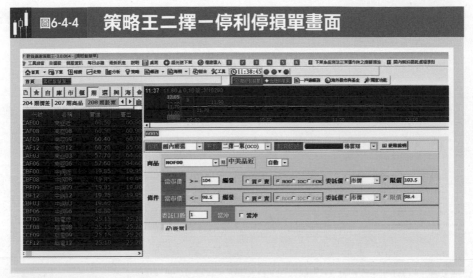

圖6-4-4　**策略王二擇一停利停損單畫面**

資料來源：群益策略王

多，只要在市場欄選擇國內期選，單別選二擇一單，再

選股期商品，最後設定停利、停損觸發條件，填入買

賣、委託價及口數後送單，即會列入洗價區等待觸發。

第 **7** 章

用小資金滾出大獲利

7-1 高勝率＋高週轉率 大幅提升收益率

7-2 短沖策略奏效 日收益逾20%

7-3 操作策略和心態才是致勝關鍵

高勝率＋高週轉率 大幅提升收益率

本書自序談到，在群益人機對決全球交易大賽中，我曾連續2屆拿下國內組冠軍，在第1屆賽事進行到1/3時，才發現股期的優勢，進而利用其優勢搶下第1屆的冠軍，到第2屆完全運用股期策略，在團隊4個帳戶中拿下冠軍、亞軍、季軍及勝場王全部獎項，這樣的成果到底是怎麼辦到的？最後，在這個章節中將和讀者分享，我如何運用高勝率、高週轉取得高收益進而取勝。

💲 賽前擬定奪冠3戰略

第2屆群益期貨的人機對決比賽，仍採用如NBA的勝場制，在近2個月的例行賽中取人類組、機器人組各組前20名進入決賽，決賽由人類組和機器人組互相對決，連續10個交易日，每天以1對20進行對戰，最高分是200勝（每天打敗20個對手），勝場最高者為冠軍。

因此，想贏得比賽，不能只求最終的總收益率，而是要盡可能讓每天的交易都不虧損，再求提升收益率，因為唯有讓每日的收益達到正數，才有機會取得勝場，並透過較有波動的商品取得獲利，最後是利用高週轉率，讓自己有機會不斷累積當日收益率，打敗較強的對手，以賽前擬定的計劃看來（見圖7-1-1），只有股期最能達成奪冠目標。

策略❶：搶勝場 先求高勝率

很多交易者都有一種思維，就是最好每次都能賺飽、賺滿，所以常會造成長期套牢及巨大虧損的可能，另

圖7-1-1　賽前擬定戰略目標

這是少見用勝場制的比賽，要贏得國內組比賽，我設定下列目標。

1 先求高勝率再求收益率─搶勝場。

2 多商品交易選擇，避免單一商品無波動。

3 利用高週轉率，增加當日收益率。

最佳選擇：股票期貨

外，有停損觀念者，也大多用賺大賠小的方式運作，這樣的波段交易模式一般只有4成以下勝率，但盈虧比達2:1到3:1倍，也就是每次交易如果平均賺2,000～3,000元，虧損1,000元，長期而言，雖然這樣的策略能賺錢，但在勝場制的比賽卻無法取勝。

如圖7-1-2所示，在這次比賽中，我曾用一個帳戶進行台指期波段策略，並加入短波段移動停利模式，將勝

圖7-1-2　操作台指期實單績效表

	全體	買進	賣出
純益(含交易成本)	1,244,400	657,000	587,400
總收益(含成本)	5,668,600	2,950,800	2,717,800
總虧損	4,424,200	2,293,800	2,130,400
交易次數	786	391	395
勝率(%)	54.96%	55.75%	54.18%
收益交易次數	432	218	214
損失交易次數	354	173	181
最大收益	162,200	162,200	84,000
最大損失	77,200	77,200	48,000
平均收益	7,212	7,547	6,881
平均損失	5,629	5,866	5,393
平均收益比率(倍)	1.22	1.26	1.18
平均各買賣損益	1,583	1,680	1,487
期望值	1,429	1,612	1,256
最大連續收益買賣數	17	11	15
最大連續損失買賣數	9	8	7
最大虧損	-154,800	-172,000	-79,000

率大幅拉升到55%左右，平均每筆獲利7,212元，損失5,629元，盈虧比約1.28:1，在2個月期間的例行賽中，投入3口保證金約27萬元，創造近23萬元收益（見圖7-1-2、7-1-3），收益率85%（用原始保證金推算），而2018年一整年的收益達90萬元以上（見圖7-1-4），年收益率達333%左右（用原始保證金推算），沒想到在例行賽僅位於第700名、遭到淘汰，由此可見在勝場制比

圖7-1-3　例行賽期間操作台指期實單績效

期數 F0200(▼　開始日 2018/11/ 2 ▼　結束日 2018/12/31 ▼　商品代號　　♦查詢　　　重績

沖銷日期	帳號	商品	名稱	到期	履...	成交日	買賣	成交價	成交量	來源	損益	交易稅	淨損益
20181220	F0200...	FITX	FIT01	201901	0	20181...	買進	9747	1	交易	0	39	-79
20181220	F0200...	FITX	FIT01	201901	0	20181...	賣出	9608	1	交易	-27,800	38	-27,878
20181220	F0200...	FITX	FIT01	201901	0	20181...	買進	9748	1	交易	0	39	-79
20181220	F0200...	FITX	FIT01	201901	0	20181...	買進	9747	1	交易	0	39	-79
20181220	F0200...	FITX	FIT01	201901	0	20181...	賣出	9607	2	交易	-56,200	76	-56,356
20181220	F0200...	FITX	FIT01	201901	0	20181...	買進	9691	3	交易	-49,800	117	-50,037
20181220	F0200...	FITX	FIT01	201901	0	20181...	賣出	9608	3	交易	0	114	-234
20181220	F0200...	FITX	FIT01	201901	0	20181...	買進	9691	3	交易	0	117	-237
20181220	F0200...	FITX	FIT01	201901	0	20181...	賣出	9622	3	交易	-41,400	114	-41,634
20181222	F0200...	FITX	FIT01	201901	0	20181...	買進	9622	3	交易	0	114	-234
20181222	F0200...	FITX	FIT01	201901	0	20181...	買進	9673	3	交易	-30,600	117	-30,837
20181222	F0200...	FITX	FIT01	201901	0	20181...	賣出	9673	3	交易	0	117	-237
20181222	F0200...	FITX	FIT01	201901	0	20181...	賣出	9633	3	交易	-24,000	117	-24,237
20181226	F0200...	FITX	FIT01	201901	0	20181...	賣出	9633	3	交易	0	117	-237
20181226	F0200...	FITX	FIT01	201901	0	20181...	買進	9530	3	交易	61,800	114	61,566
20181226	F0200...	FITX	FIT01	201901	0	20181...	賣出	9530	3	交易	0	114	-234
20181226	F0200...	FITX	FIT01	201901	0	20181...	賣出	9447	3	交易	-49,800	114	-50,034
20181227	F0200...	FITX	FIT01	201901	0	20181...	賣出	9446	1	交易	0	38	-78
20181227	F0200...	FITX	FIT01	201901	0	20181...	賣出	9447	2	交易	0	76	-156
20181227	F0200...	FITX	FIT01	201901	0	20181...	買進	9512	3	交易	-39,200	114	-39,434
20181228	F0200...	FITX	FIT01	201901	0	20181...	買進	9512	3	交易	0	114	-234
20181228	F0200...	FITX	FIT01	201901	0	20181...	賣出	9577	3	交易	39,000	114	38,766
期貨總計									462		256,450	12,790	229,140

資料來源：群益策略王

圖7-1-4　2018年操作台指期實單績效

期貨 F020C ▼　開始日 2018/ 1/ 2 ▼　結束日 2018/12/31 ▼　商品代號　　♦查詢　　　最績

沖銷日期	帳號	商品	名稱	到期	履...	成交日	買賣	成交價	成交量	來源	損益	交易稅	淨損益
20181220	F0200...	FITX	FIT01	201901	0	20181...	買進	9747	1	交易	0	39	-79
20181220	F0200...	FITX	FIT01	201901	0	20181...	賣出	9608	1	交易	-27,800	38	-27,878
20181220	F0200...	FITX	FIT01	201901	0	20181...	買進	9748	1	交易	0	39	-79
20181220	F0200...	FITX	FIT01	201901	0	20181...	買進	9747	1	交易	0	39	-79
20181220	F0200...	FITX	FIT01	201901	0	20181...	賣出	9607	2	交易	-56,200	76	-56,356
20181220	F0200...	FITX	FIT01	201901	0	20181...	買進	9691	3	交易	-49,800	117	-50,037
20181220	F0200...	FITX	FIT01	201901	0	20181...	賣出	9608	3	交易	0	114	-234
20181220	F0200...	FITX	FIT01	201901	0	20181...	買進	9691	3	交易	0	117	-237
20181220	F0200...	FITX	FIT01	201901	0	20181...	賣出	9622	3	交易	-41,400	114	-41,634
20181222	F0200...	FITX	FIT01	201901	0	20181...	買進	9622	3	交易	0	114	-234
20181222	F0200...	FITX	FIT01	201901	0	20181...	買進	9673	3	交易	-30,600	117	-30,837
20181222	F0200...	FITX	FIT01	201901	0	20181...	賣出	9673	3	交易	0	117	-237
20181222	F0200...	FITX	FIT01	201901	0	20181...	賣出	9633	3	交易	-24,000	117	-24,237
20181226	F0200...	FITX	FIT01	201901	0	20181...	賣出	9633	3	交易	0	117	-237
20181226	F0200...	FITX	FIT01	201901	0	20181...	買進	9530	3	交易	61,800	114	61,566
20181226	F0200...	FITX	FIT01	201901	0	20181...	賣出	9530	3	交易	0	114	-234
20181226	F0200...	FITX	FIT01	201901	0	20181...	賣出	9447	3	交易	-49,800	114	-50,034
20181227	F0200...	FITX	FIT01	201901	0	20181...	賣出	9447	2	交易	0	76	-156
20181227	F0200...	FITX	FIT01	201901	0	20181...	賣出	9446	1	交易	0	38	-78
20181227	F0200...	FITX	FIT01	201901	0	20181...	買進	9512	3	交易	-39,200	114	-39,434
20181228	F0200...	FITX	FIT01	201901	0	20181...	買進	9512	3	交易	0	114	-234
20181228	F0200...	FITX	FIT01	201901	0	20181...	賣出	9577	3	交易	39,000	114	38,766
期貨總計									2,082		1,038,550	65,622	904,916

資料來源：群益策略王

賽中，必須有極高勝率才能取得入圍決賽的機會。

因此在制定比賽策略上，只能用極短線的當沖、隔日沖來創造高勝率，我利用程式及過去實單驗證，並在第4、5章談到的高勝率基礎上，加上股期的成本及槓桿優勢，一舉將勝率拉升到接近90%，確保每日取得勝場，但這也是反人性的思維，因為要達到90%勝率，可能產生1:3的盈虧比，也就是平均每筆賺1,000元，虧損3,000元，乍看之下不太合理，不過就量化交易的觀點來看，10次交易中有9次賺1,000元，只有1次失敗、損失3,000元，還是有6,000元收益，這也是極短線交易和其他策略最大不同之處。

策略❷：選擇多商品 避免無波動

短線交易最怕行情沒波動，在這次比賽中，每個交易日都必須與一名對手比績效，若當天交易的商品沒什麼波動，失去取得收益的機會，就可能輸給對手，所以在股期近200個商品中，找出有波動的股票進行短線做多

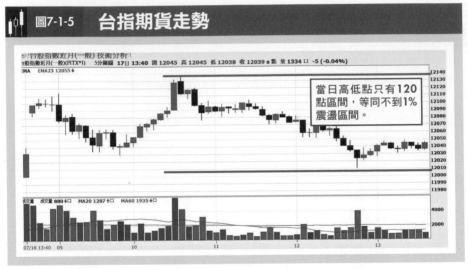

圖7-1-5　台指期貨走勢

當日高低點只有120
點區間，等同不到1%
震盪區間。

資料來源：XQ 全球贏家

或做空，可避免單一商品沒波動而失去交易優勢。

以2020年7月17日台股行情為例（見圖7-1-5），當天
台指期貨高低點約只有120點，波動不到1%，若沒掌握
到10:00過後那次大波動，就沒什麼行情波動可做，另
外，當天大盤是受台積電大漲影響，營造拉升近百點指
數的強勢假象，事實上，有很多中小型股都出現弱勢回
檔，加上生技股帶頭下殺，所以如果做空弱勢股票反而

圖7-1-6 2020/7/17出現短線大幅波動的股票

資料來源：奔霆資訊

有不錯的短線機會。

　　透過程式化工具優勢，在2020年7月17日開盤後約
9:30，在200支股期商品中挑出20支具短線大幅波動的
股票，如圖7-1-6所示，左側為9支放量向上攻擊的短多
型態股票，右側是11支放量向下攻擊的短空型態股票，
如此就可大幅提升短線收益率。

　　由圖7-1-7可見，宏碁股期在當日9:30出現超過10倍
的巨量向上攻擊，半小時後就拉升到近10%漲停，明顯

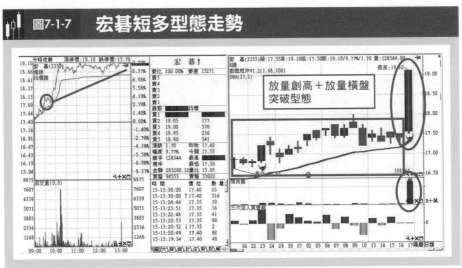

圖7-1-7　宏碁短多型態走勢

資料來源：奔霆資訊

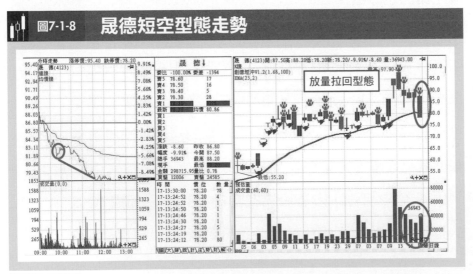

圖7-1-8　晟德短空型態走勢

資料來源：奔霆資訊

強過台指期不到1%的波動，如果當天是看空的方向，如圖7-1-8晟德股期，當日也是在9:30左右即發現超過季均量約3倍的成交量，且出現爆量下跌走勢，在12:30左右下殺至10%跌停，可見利用多個股期商品找尋具大幅波動的股票，就能取得較有利的短線交易機會。

策略❸：利用高週轉率 增加收益率

參賽後，我發現群益人機對決比賽系統，設計得相當人性化、趣味化及具有挑戰性，因為每天開盤前，如圖7-1-9所示，可以看到對手的相關資訊，包括之前的勝場數、交易商品的廣度、獲利率能力等資訊，而且當你在例行賽的勝場數越多，你的對手也會越強，所以越後面要取勝的難度也會更高。進了決賽後，你必須和不同組的前20名對手比賽，要擊敗對手不能只求當日有獲利，而須靠高收益率取得大量勝場數，所以唯有不斷地提高週轉率，積累收益率，才有機會奪冠。

在交易策略上可以先於前一天進行隔日沖留倉，等隔

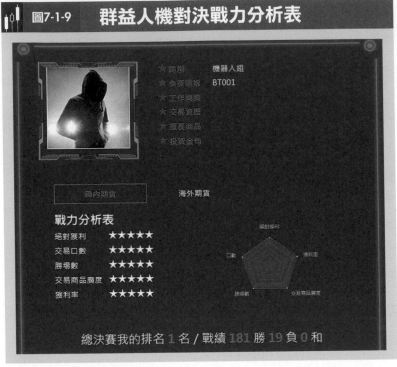

資料來源：群益期貨全球交易大賽網站

日開盤後看收益率狀況，如收益率較小或出現虧損則出場，再利用當沖拉高收益率，也因這樣的策略奏效，所以如圖7-1-9所示，決賽最後的10個交易日，在200次對戰中取得181勝拿下冠軍。

筆記本

7-2

短沖策略奏效
日收益均逾20%

第2屆群益期貨人機對決總決賽，於2019年1月初
開始，賽制與第1屆相同，滿分是200勝，在這次
決賽中我拿下181勝，究竟是如何辦到？透過接下來分
享的決賽關鍵交易過程，我想讀者就能明白我是如何運
用第4章、第5章的當沖及隔日沖策略贏得冠軍。

案例❶：先豐爆量多頭短多型態 日收益逾20%

在決賽第1天我利用程式在9:15後，從所有股票中掃

圖7-2-1 用程式挑出爆量、價漲、短多型態股票

商品	觸發時間	成交	漲跌	漲幅%	單量 訊息
晶心科	09:16:02	82.0	▲ 3.50	+4.46	63.7多頭型態
鼎元	09:15:53	16.75	▲ 0.35	+2.13	12.8上穿EMA...
三芳	09:15:50	24.60	▲ 0.80	+3.36	118.4橫盤向...
拓凱	09:15:06	110.0	▲ 4.00	+3.77	135.5創高型態
佳凌	09:15:06	32.10	▲ 0.90	+2.88	29.2反彈型態
華星光	09:15:06	23.15	▲ 1.40	+6.44	413.9多頭型態
大峽谷-...	09:15:04	40.65	▲ 1.70	+4.36	111.4反彈型態
統一證	09:15:03	12.10	▲ 0.60	+5.22	259.2反彈型態
先豐	09:15:03	32.75	▲ 1.05	+3.31	29.0多頭型態
揚明光	09:15:02	75.0	▲ 1.80	+2.46	13.0反彈型態
波若威	09:15:02	40.05	▲ 2.00	+5.26	217.6多頭型態

資料來源：XQ 全球贏家

出符合爆量、價漲2%以上及符合短多型態的股票，從圖7-2-1可以看，先豐（5349）爆出9倍巨量，加上漲幅超過2%且為短多型態，在現貨爆巨量後，股期也跟著出大量、交易變得活絡，所以列為當沖做多標的。

由圖7-2-2可以看出，當日預估量爆出18,000張左右，但季均量約只有2,000張，明顯爆量、紅K棒站上

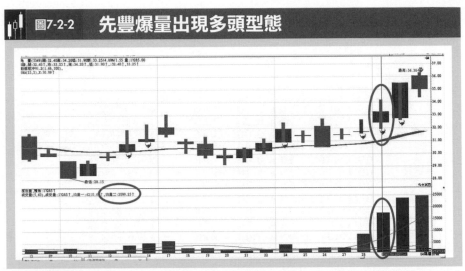

圖7-2-2　先豐爆量出現多頭型態

資料來源：奔霆資訊

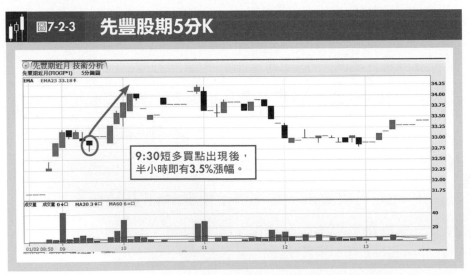

圖7-2-3　先豐股期5分K

9:30短多買點出現後，
半小時即有3.5%漲幅。

資料來源：XQ 全球贏家

EMA均線的多頭型態，再看圖7-2-3，在9:30介入先豐股期後至10:00左右已超過3%漲幅，所以9:30進場做短多當沖是個成功的操作。

此次比賽是以當日絕對收益率決定勝負（收益率＝收益÷原始保證金），所以下10口和下1口所產生的收益率是相同的，只差口數下得多有加分，但對比賽交易而言，用1口單較有利，因為買賣更容易成交。

另外，為了將勝率拉升到近9成以上，我會把停利設定在1個跳動點到1%之間（這是股期的優勢，1個跳動點就能賺錢），停損也降到1%，以提高當沖週轉率，也就是單一商品1天之內多次交易，出場後再進場，這樣就能在不增加當日最大保證金的情況下，積累收益率。

由圖7-2-4可以看到，當日總共交易6次，累積1,900元收益，看似收益很小，但股期槓桿7.5倍，所以1口單只用8,900元原始保證金，等同用8,900元賺到1,900元，收益率＝1,900÷8,900＝21.3%，扣除手續費和稅

圖7-2-4 決賽第1個交易日對帳單

沖銷日期	帳..	商品	名稱	到期年月	成交日	買賣	成交價	成交量	損益
20190102	F...	FIOGF	FIO01	201901	20190102	買進	33	1	0
20190102	F...	FIOGF	FIO01	201901	20190102	賣出	33.15	1	300
20190102	F...	FIOGF	FIO01	201901	20190102	買進	32.85	1	0
20190102	F...	FIOGF	FIO01	201901	20190102	賣出	33.05	1	400
20190102	F...	FIOGF	FIO01	201901	20190102	買進	33.6	1	0
20190102	F...	FIOGF	FIO01	201901	20190102	賣出	33.9	1	600
20190102	F...	FIOGF	FIO01	201901	20190102	買進	32.95	1	100
20190102	F...	FIOGF	FIO01	201901	20190102	賣出	33	1	0
20190102	F...	FIOGF	FIO01	201901	20190102	買進	32.9	1	0
20190102	F...	FIOGF	FIO01	201901	20190102	賣出	33	1	200
20190102	F...	FIOGF	FIO01	201901	20190102	買進	33.25	1	0
20190102	F...	FIOGF	FIO01	201901	20190102	賣出	33.4	1	300
期貨總計								12	1,900

資料來源：群益策略王

金，仍有近20%收益率，因稅金只有10萬分之2，手續費也相當低，對收益影響很小，決賽第1天在半小時內即達成20%收益率，當日不再交易，也拿下全勝。

案例❷：收盤前進場 再以隔日沖取得高收益率

因決賽一次要對上20個對手，所以我給自己設定的目標是，每個交易日不但收益率必須是正值，而且要將日收益率提升到20%以上，才有機會拿下冠軍，為了預防

當日當沖沒達標，所以利用隔日沖策略，在前一天收盤前先挑選短多或短空股票，並於股期收盤前進場，也因快收盤所以對當日績效影響不大，但如果選中的標的隔日開盤後能順勢停利，就可能達成當日目標收益率，如果未如預期，還可以再利用當沖進行績效累積追趕，最後這個計劃相當成功，在決賽期間因採用隔日沖獲得全勝且帶來的收益率也高，以下是隔日沖案例。

2019年1月3日收盤前進場賣出1口嘉聯益股期，如圖7-2-5所示，嘉聯益在當日收盤前明顯爆量28,500張（為前日成交量8,169張的3倍以上），加上當日跌幅近8%且為黑K棒創低型態，符合短空選股條件。

從圖7-2-6可見，嘉聯益股期在2019年1月3日收盤前空到23.3元，隔日一開盤也如預期開低向下走，在現貨開盤前已下跌超過設定的3%跌幅（3%×7.5倍槓桿，逾20%收益率），取得22%收益率（見圖7-2-7），達成日收益率目標，當日即不再交易，最後也是取得全勝。

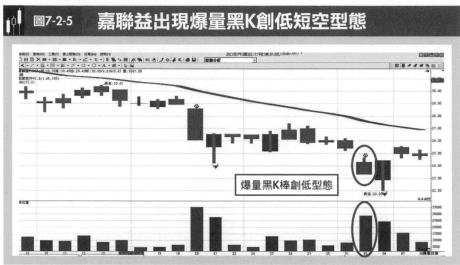

圖7-2-5　嘉聯益出現爆量黑K創低短空型態

爆量黑K棒創低型態

資料來源：奔霆資訊

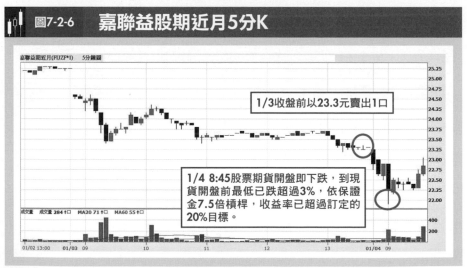

圖7-2-6　嘉聯益股期近月5分K

1/3收盤前以23.3元賣出1口

1/4 8:45股票期貨開盤即下跌，到現貨開盤前最低已跌超過3%，依保證金7.5倍槓桿，收益率已超過訂定的20%目標。

資料來源：XQ 全球贏家

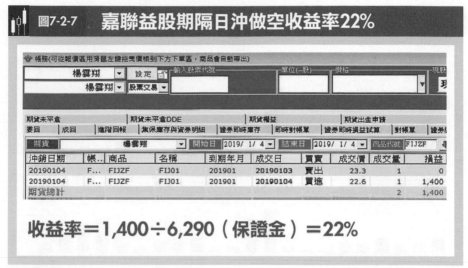

圖7-2-7　嘉聯益股期隔日沖做空收益率22%

收益率＝1,400÷6,290（保證金）＝22%

資料來源：群益策略王

案例❸：利用交易優勢 開盤數秒內取得32%收益率

如圖7-2-8所示，嘉聯益2019年1月3日才出現爆量黑K棒創低型態，隔日開盤即大跌近8%，成功停利，但過了9:30後開始彈升，到收盤前反倒上漲近5%，變成爆量長紅K棒反彈型態，符合爆量反彈的短多型態，當日早上才做空停利出場，收盤前變成做多進場，這就是短沖策略

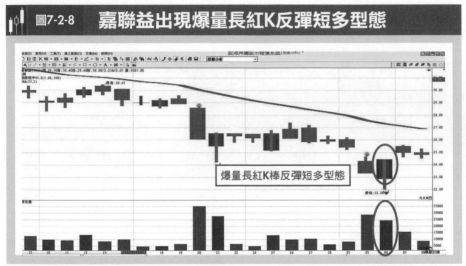

圖7-2-8　嘉聯益出現爆量長紅K反彈短多型態

爆量長紅K棒反彈短多型態

資料來源：奔霆資訊

　　的優勢，當短多或短空快速轉向時，便可立即介入。

　　由圖7-2-9可以看到，11:00過後嘉聯益已出現放量價漲的反彈型態，當時價格在23.8元，只不過為執行隔日沖策略，在收盤前現貨價格拉到最高時才買進股期。

　　由圖7-2-10可以看到，1月4日收盤時因短多條件成立，在24.2元買入1口股期，隔日開盤時因試撮合接近

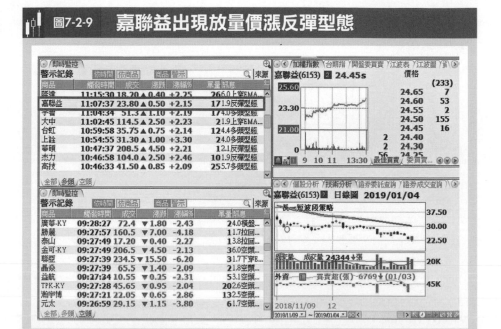

圖7-2-9 嘉聯益出現放量價漲反彈型態

資料來源：XQ全球贏家

漲停價，也讓股期在8:45一開盤瞬間將股價拉升到7%以上，出現1支長紅棒，讓這個短多隔日沖策略，在數秒內就完成停利，如圖7-2-11所示，收益率高達32%，所以當天又拿到全勝。

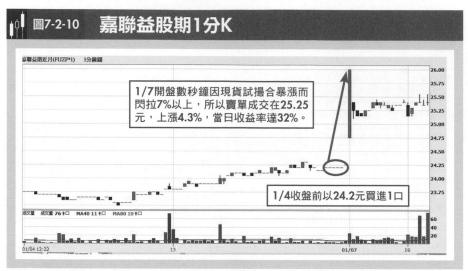

圖7-2-10　嘉聯益股期1分K

1/7開盤數秒鐘因現貨試撮合暴漲而閃拉7%以上，所以賣單成交在25.25元，上漲4.3%，當日收益率達32%。

1/4收盤前以24.2元買進1口

資料來源：XQ全球贏家

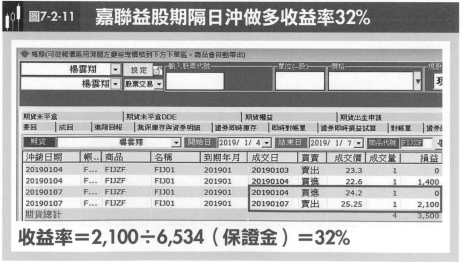

圖7-2-11　嘉聯益股期隔日沖做多收益率32%

沖銷日期	帳..	商品	名稱	到期年月	成交日	買賣	成交價	成交量	損益
20190104	F...	FIJZF	FIJ01	201901	20190103	賣出	23.3	1	0
20190104	F...	FIJZF	FIJ01	201901	20190104	買進	22.6	1	1,400
20190107	F...	FIJZF	FIJ01	201901	20190104	買進	24.2	1	0
20190107	F...	FIJZF	FIJ01	201901	20190107	賣出	25.25	1	2,100
期貨總計								4	3,500

收益率＝2,100÷6,534（保證金）＝32%

資料來源：群益策略王

操作策略和心態才是致勝關鍵

第2屆比賽成績公布後，我再度拿下冠軍，在200場決賽中拿下181勝，收益率接近200%，從例行賽到決賽總共交易298次，261次盈利37次虧損，勝率達87.5%，有人對我能達到這樣的勝率感到驚訝，但對我來說並沒有特別的感受，因為這是我多年來一直在執行的策略，我只是將此策略從股票當沖及隔日沖改用股期操作，在過去10年的交易中，平均勝率也都能達到80%

圖7-3-1 1年10個月 30萬本金賺到360萬元

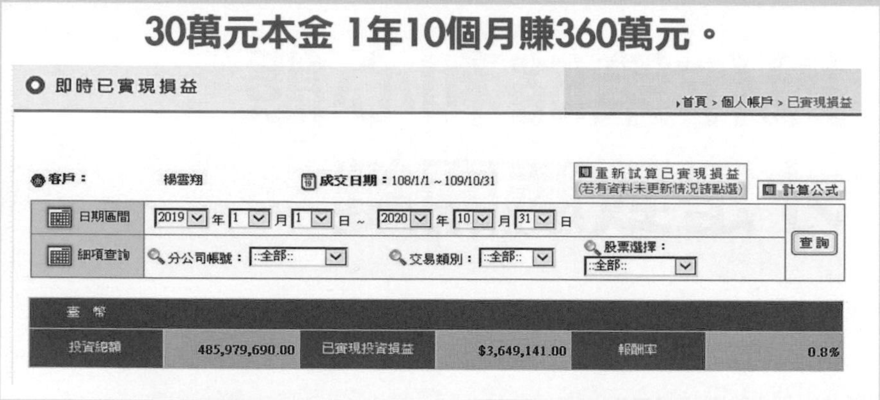

30萬元本金 1年10個月賺360萬元。

資料來源：群益策略王

以上，這次的比賽只是驗證此策略不僅可運用在股期上，更能利用股期商品的優勢提升勝率。

💲 資金少不是創造財富的最大阻力

記得我出第一本書時，曾提出一個計劃，以小資族也能接受的30萬元資金帳戶，進行量價操盤術的當沖、隔日沖策略，並追蹤這個帳戶能獲得多少收益，如圖7-3-1

圖7-3-2　30萬資金帳戶交易量逾11億元

帳務(可從報價區用滑鼠左鍵拖曳價格到下方下單區，商品會自動帶出)

| 楊雲翔 | ▼ | 設定 | 輸入股票代號 | | 股數 | 價格 |
| 楊雲翔 ▼ | 股票交易 ▼ | | | | | |

| 出入金查詢 | 期貨歷史成交 | 期貨沖銷明細 | 期貨未平倉 | 期貨未平倉DDE | 期貨權益 |
| 委回 | 成回 | 進階回報 | 集保庫存與資券明細 | 證券即時庫存 | 即時對帳單 | 證券即時損益試算 |

證　券　　楊雲翔　▼

開始日 2019/ 1/ 7 ▼ 結束日 2020/10/31 ▼ 商品代號 ⬇查詢 最後查詢時

完整 格式一 格式二 格式三 □ 顯示權證標的

帳...	成交日期	買賣別	代..	股...	幣別	成..	成交股數	成交金額
91...	20201030	自資賣	2...	圓...	新台幣	6...	2,000	133,000
91...	20201030	自資賣	2...	圓...	新台幣	6...	2,000	133,000
91...	20201030	自資賣	2...	圓...	新台幣	6...	2,000	133,000
91...	20201030	普賣	3...	虹...	新台幣	7...	1,000	73,500
91...	20201030	自資買	3...	虹...	新台幣	7...	1,000	74,500
91...	20201030	普買	3...	虹...	新台幣	7...	2,000	148,800
91...	20201030	自資買	3...	虹...	新台幣	7...	1,000	74,600
91...	20201030	普賣	3...	虹...	新台幣	7...	1,000	73,400
91...	20201030	普買	5...	均...	新台幣	3...	5,000	175,750
91...	20201030	普買	5...	均...	新台幣	3...	5,000	176,250
91...	20201030	普賣	5...	均...	新台幣	3...	5,000	177,750
91...	20201030	普賣	5...	均...	新台幣	3...	5,000	178,000
總...					新台幣		20,661,000	566,910,330
總...					新台幣		20,588,000	569,778,170
總...					新台幣		41,249,000	1,136,688,500

本金30萬元 1年10個月交易量超過11億元

資料來源：群益策略王

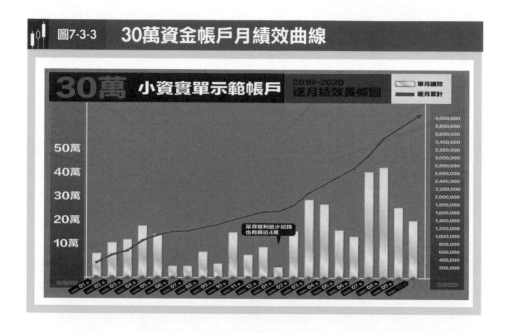

圖7-3-3 30萬資金帳戶月績效曲線

所示,在2019年1月～2020年8月,1年10個月的時間,這個帳戶已達近400萬元(包含本金30萬元),期間交易11.24億交易量(見圖7-3-2),這也證實前面談到的,當高勝率就加上高週轉率就能提升收益曲線。從圖7-3-3可以看到,在2019年1月～2020年10月共計22個月的月績效都維持正收益,這是我沒有預期到的,因

為就算有8成以上勝率，代表10次交易還有2次失敗，所以每年有2個月是負績效也在可接受範圍，我想能維持每月正收益，除了這2年的股票波動度較大之外，還有我執行做多、做空平衡交易，從圖中可見，在2020年3月新冠肺炎疫情爆發，全球股市重挫之際，仍能創出不錯的收益。

我運作這個30萬元的示範帳戶，是想向小資及上班族讀者證明，資金小並不是創造財富的最大阻力，心態、交易策略才是奠定獲利的根源。

最後，希望看過本書的讀者們，能在股票期貨交易上有所斬獲，當然也要再次提醒股期的交易槓桿較高，交易時要評估槓桿風險及分散資金（資金平均分散至少5個商品），才能降低系統性風險，提升收益穩定性。

在本書出版後，我會再用1個30萬元的小資示範戶，執行股期交易計劃，看看這個戶頭在未來幾年能達到什麼樣的績效。

冠軍操盤手的高勝率秘技

作者：楊雲翔

總 編 輯：賴盟政
文字編輯：王怡雯
美術設計：蘇月秋
封面攝影：張家禎

發行：金尉股份有限公司
地址：新北市板橋區文化路一段268號20樓之2
電話：02-2258-5388
傳真：02-2258-5366
讀者信箱：service@berich.net.tw
網址：www.moneynet.com.tw

製版印刷：科樂股份有限公司
總經銷：聯合發行股份有限公司

初版1刷：2020年11月

定價：380元

國 家 圖 書 館 出 版 品 預 行 編 目

冠軍操盤手的高勝率秘技 / 楊雲翔著. -- 初版. --
新北市：金尉，2020.11
280面；17×23公分
ISBN 978-986-97390-7-8（平裝）
1. 股票投資 2. 期貨交易 3. 投資分析
563.53   109014991

Money錢

Money錢

Money錢

Money錢